Langenscheidt

Verb-Tabellen Französisch

herausgegeben von
der Langenscheidt Redaktion

bearbeitet von Dr. Rainer Vollath

Langenscheidt

Berlin · München · Wien · Zürich · New York

Herausgegeben von der Langenscheidt Redaktion
bearbeitet von Dr. Rainer Vollath

www.langenscheidt.de

Printed in Germany

ISBN-13: 978-3-468-34152-6
ISBN-10: 3-468-34152-0

6. 7. 8. 9. 10. * 10 09 08 07 06

Inhaltsverzeichnis

Erklärung der grammatischen Bezeichnungen

conditionnel	Konditional I: **il donnerait** er würde geben/ er gäbe
cond. passé	**conditionnel passé** Konditional II: **il aurait donné** er würde gegeben haben/er hätte gegeben
futur	Futur I: **il donnera** er wird geben
futur ant.	**futur antérieur** Futur II: **il aura donné** er wird gegeben haben
imparfait	Imperfekt (Vergangenheit): **il donnait** er gab
impératif	Imperativ (Befehlsform): **donne** gib
indicatif	Indikativ (Wirklichkeitsform): **il donne** er gibt
inf. passé	**infinitif passé** Infinitiv Perfekt: **avoir donné** gegeben haben
part. passé	**participe passé** Partizip Perfekt: **ayant donné** gegeben habend
part. prés.	**participe présent** Partizip Präsens (Mittelwort der Gegenwart): **donnant** gebend
passé ant.	**passé antérieur** (historische Vorvergangenheit): **il eut donné** er hatte gegeben
passé comp.	**passé composé** Perfekt (vollendete Gegenwart): **il a donné** er hat gegeben
passé simple	Präteritum: **il donna** er gab
plus-que-parf.	**plus-que-parfait** Plusquamperfekt (Vorvergangenheit): **il avait donné** er hatte gegeben
présent	Präsens (Gegenwart): **il donne** er gibt
subjonctif imparfait	Konjunktiv Imperfekt (Möglichkeitsform): **afin qu'il donnât** damit er gäbe
subjonctif présent	Konjunktiv Präsens (Möglichkeitsform): **afin qu'il donne** damit er gibt
temps composés	zusammengesetzte Zeiten
temps simples	einfache Zeiten

avoir *haben*

temps simples

Indicatif

présent		imparfait	passé simple	futur
j'	ai	avais	eus	aurai
tu	as	avais	eus	auras
il	a	avait	eut	aura
nous	avons	avions	eûmes	aurons
vous	avez	aviez	eûtes	aurez
ils	ont	avaient	eurent	auront

Subjonctif / Impératif / Conditionnel

Subjonctif présent		Subjonctif imparfait	Impératif	Conditionnel
que j'	aie	eusse	—	aurais
que tu	aies	eusses	aie	aurais
qu' il	ait	eût	—	aurait
que nous	ayons	eussions	ayons	aurions
que vous	ayez	eussiez	ayez	auriez
qu' ils	aient	eussent	—	auraient

part. prés.: ayant **part. passé:** eu

temps composés

Indicatif

passé comp.		plus-que-parf.	passé ant.	futur ant.
j'	ai eu	avais eu	eus eu	aurai eu
tu	as eu	avais eu	eus eu	auras eu
il	a eu	avait eu	eut eu	aura eu
nous	avons eu	avions eu	eûmes eu	aurons eu
vous	avez eu	aviez eu	eûtes eu	aurez eu
ils	ont eu	avaient eu	eurent eu	auront eu

Subjonctif / Conditionnel

Subjonctif passé		Subjonctif plus-que-parf.		Conditionnel passé
que j'	aie eu	eusse eu	—	aurais eu
que tu	aies eu	eusses eu	—	aurais eu
qu' il	ait eu	eût eu	—	aurait eu
que nous	ayons eu	eussions eu	—	aurions eu
que vous	ayez eu	eussiez eu	—	auriez eu
qu' ils	aient eu	eussent eu	—	auraient eu

participe passé: ayant eu **inf. passé:** avoir eu

être *sein*

temps simples

Indicatif

	présent	imparfait	passé simple	futur
j(e)	suis	étais	fus	serai
tu	es	étais	fus	seras
il	est	était	fut	sera
nous	sommes	étions	fûmes	serons
vous	êtes	étiez	fûtes	serez
ils	sont	étaient	furent	seront

Subjonctif / Impératif / Conditionnel

	Subjonctif présent	Subjonctif imparfait	Impératif	Conditionnel
que je	sois	fusse	—	serais
que tu	sois	fusses	sois	serais
qu' il	soit	fût	—	serait
que nous	soyons	fussions	soyons	serions
que vous	soyez	fussiez	soyez	seriez
qu' ils	soient	fussent	—	seraient

part. prés.: étant **part. passé:** été

temps composés

Indicatif

	passé comp.	plus-que-parf.	passé ant.	futur ant.
j'	ai été	avais été	eus été	aurai été
tu	as été	avais été	eus été	auras été
il	a été	avait été	eut été	aura été
nous	avons été	avions été	eûmes été	aurons été
vous	avez été	aviez été	eûtes été	aurez été
ils	ont été	avaient été	eurent été	auront été

Subjonctif / Conditionnel

	Subjonctif passé	Subjonctif plus-que-parf.		Conditionnel passé
que j'	aie été	eusse été	—	aurais été
que tu	aies été	eusses été	—	aurais été
qu' il	ait été	eût été	—	aurait été
que nous	ayons été	eussions été	—	aurions été
que vous	ayez été	eussiez été	—	auriez été
qu' ils	aient été	eussent été	—	auraient été

participe passé: ayant été **inf. passé:** avoir été

donner *geben*

temps simples

Indicatif

présent		imparfait	passé simple	futur
je	donn**e**	donn**ais**	donn**ai**	donn**erai**
tu	donn**es**	donn**ais**	donn**as**	donn**eras**
il	donn**e**	donn**ait**	donn**a**	donn**era**
nous	donn**ons**	donn**ions**	donn**âmes**	donn**erons**
vous	donn**ez**	donn**iez**	donn**âtes**	donn**erez**
ils	donn**ent**	donn**aient**	donn**èrent**	donn**eront**

Subjonctif			**Impératif**	**Conditionnel**
présent		**imparfait**		
que je	donn**e**	donn**asse**	—	donn**erais**
que tu	donn**es**	donn**asses**	donn**e**	donn**erais**
qu' il	donn**e**	donn**ât**	—	donn**erait**
que nous	donn**ions**	donn**assions**	donn**ons**	donn**erions**
que vous	donn**iez**	donn**assiez**	donn**ez**	donn**eriez**
qu' ils	donn**ent**	donn**assent**	—	donn**eraient**

part. prés.: donn**ant** **part. passé:** donn**é**

temps composés

Indicatif

passé comp.		plus-que-parf.	passé ant.	futur ant.
j'	ai donné	avais donné	eus donné	aurai donné
tu	as donné	avais donné	eus donné	auras donné
il	a donné	avait donné	eut donné	aura donné
nous	avons donné	avions donné	eûmes donné	aurons donné
vous	avez donné	aviez donné	eûtes donné	aurez donné
ils	ont donné	avaient donné	eurent donné	auront donné

Subjonctif				**Conditionnel**
passé		**plus-que-parf.**		**passé**
que j'	aie donné	eusse donné	—	aurais donné
que tu	aies donné	eusses donné	—	aurais donné
qu' il	ait donné	eût donné	—	aurait donné
que nous	ayons donné	eussions donné	—	aurions donné
que vous	ayez donné	eussiez donné	—	auriez donné
qu' ils	aient donné	eussent donné	—	auraient donné

participe passé: ayant donn**é** **inf. passé:** avoir donn**é**

Erste Konjugation

abréger *abkürzen*

Indicatif

présent		imparfait	passé simple	futur
j'	abrège	abrégeais	abrégeai	abrégerai
tu	abrèges	abrégeais	abrégeas	abrégeras
il	abrège	abrégeait	abrégea	abrégera
nous	abrégeons	abrégions	abrégeâmes	abrégerons
vous	abrégez	abrégiez	abrégeâtes	abrégerez
ils	abrègent	abrégeaient	abrégèrent	abrégeront

Subjonctif / Impératif / Conditionnel

présent		imparfait	Impératif	Conditionnel
que j'	abrège	abrégeasse	—	abrégerais
que tu	abrèges	abrégeasses	abrège	abrégerais
qu' il	abrège	abrégeât	—	abrégerait
que nous	abrégions	abrégeassions	abrégeons	abrégerions
que vous	abrégiez	abrégeassiez	abrégez	abrégeriez
qu' ils	abrègent	abrégeassent	—	abrégeraient

part. prés. : abrégeant **part. passé :** ayant abrégé **inf. passé :** avoir abrégé

acheter *kaufen*

Indicatif

présent		imparfait	passé simple	futur
j'	achète	achetais	achetai	achèterai
tu	achètes	achetais	achetas	achèteras
il	achète	achetait	acheta	achètera
nous	achetons	achetions	achetâmes	achèterons
vous	achetez	achetiez	achetâtes	achèterez
ils	achètent	achetaient	achetèrent	achèteront

Subjonctif / Impératif / Conditionnel

présent		imparfait	Impératif	Conditionnel
que j'	achète	achetasse	—	achèterais
que tu	achètes	achetasses	achète	achèterais
qu' il	achète	achetât	—	achèterait
que nous	achetions	achetassions	achetons	achèterions
que vous	achetiez	achetassiez	achetez	achèteriez
qu' ils	achètent	achetassent	—	achèteraient

part. prés. : achetant **part. passé :** ayant acheté **inf. passé :** avoir acheté

aller *gehen*

Indicatif

présent		imparfait	passé simple	futur
j(e)	**vais**	allais	allai	**irai**
tu	**vas**	allais	allas	**iras**
il	**va**	allait	alla	**ira**
nous	allons	allions	allâmes	**irons**
vous	allez	alliez	allâtes	**irez**
ils	**vont**	allaient	allèrent	**iront**

Subjonctif / Impératif / Conditionnel

Subjonctif présent		Subjonctif imparfait	Impératif	Conditionnel
que j'	**aille**	allasse	—	**irais**
que tu	**ailles**	allasses	**va (vas-y, va-t'en)**	**irais**
qu' il	**aille**	allât	—	**irait**
que nous	allions	allassions	allons	**irions**
que vous	alliez	allassiez	allez	**iriez**
qu' ils	**aillent**	allassent	—	**iraient**

part. prés.: allant **part. passé:** étant allé **inf. passé:** être allé

appeler *rufen*

Indicatif

présent		imparfait	passé simple	futur
j'	**appelle**	appelais	appelai	**appellerai**
tu	**appelles**	appelais	appelas	**appelleras**
il	**appelle**	appelait	appela	**appellera**
nous	appelons	appelions	appelâmes	**appellerons**
vous	appelez	appeliez	appelâtes	**appellerez**
ils	**appellent**	appelaient	appelèrent	**appelleront**

Subjonctif / Impératif / Conditionnel

Subjonctif présent		Subjonctif imparfait	Impératif	Conditionnel
que j'	**appelle**	appelasse	—	**appellerais**
que tu	**appelles**	appelasses	**appelle**	**appellerais**
qu' il	**appelle**	appelât	—	**appellerait**
que nous	appelions	appelassions	appelons	**appellerions**
que vous	appeliez	appelassiez	appelez	**appelleriez**
qu' ils	**appellent**	appelassent	—	**appelleraient**

part. prés.: appelant **part. passé:** ayant appelé **inf. passé:** avoir appelé

céder *nachgeben*

Indicatif

présent		imparfait	passé simple	futur
je	**cède**	cédais	cédai	céderai
tu	**cèdes**	cédais	cédas	céderas
il	**cède**	cédait	céda	cédera
nous	cédons	cédions	cédâmes	céderons
vous	cédez	cédiez	cédâtes	céderez
ils	**cèdent**	cédaient	cédèrent	céderont

Subjonctif / Impératif / Conditionnel

Subjonctif présent		Subjonctif imparfait	Impératif	Conditionnel
que je	**cède**	cédasse	—	céderais
que tu	**cèdes**	cédasses	**cède**	céderais
qu' il	**cède**	cédât	—	céderait
que nous	cédions	cédassions	cédons	céderions
que vous	cédiez	cédassiez	cédez	céderiez
qu' ils	**cèdent**	cédassent	—	céderaient

part. prés.: cédant **part. passé:** ayant cédé **inf. passé:** avoir cédé

employer *anwenden*

Indicatif

présent		imparfait	passé simple	futur
j'	**emploie**	employais	employai	**emploierai**
tu	**emploies**	employais	employas	**emploieras**
il	**emploie**	employait	employa	**emploiera**
nous	employons	employions	employâmes	**emploierons**
vous	employez	employiez	employâtes	**emploierez**
ils	**emploient**	employaient	employèrent	**emploieront**

Subjonctif / Impératif / Conditionnel

Subjonctif présent		Subjonctif imparfait	Impératif	Conditionnel
que j'	**emploie**	employasse	—	**emploierais**
que tu	**emploies**	employasses	**emploie**	**emploierais**
qu' il	**emploie**	employât	—	**emploierait**
que nous	employions	employassions	employons	**emploierions**
que vous	employiez	employassiez	employez	**emploieriez**
qu' ils	**emploient**	employassent	—	**emploieraient**

part. prés.: employant **part. passé:** ayant employé **inf. passé:** avoir employé

envoyer *schicken*

Indicatif

présent		imparfait	passé simple	futur
j'	envoie	envoyais	envoyai	enverrai
tu	envoies	envoyais	envoyas	enverras
il	envoie	envoyait	envoya	enverra
nous	envoyons	envoyions	envoyâmes	enverrons
vous	envoyez	envoyiez	envoyâtes	enverrez
ils	envoient	envoyaient	envoyèrent	enverront

Subjonctif

présent		imparfait	Impératif	Conditionnel
que j'	envoie	envoyasse	—	enverrais
que tu	envoies	envoyasses	envoie	enverrais
qu' il	envoie	envoyât	—	enverrait
que nous	envoyions	envoyassions	envoyons	enverrions
que vous	envoyiez	envoyassiez	envoyez	enverriez
qu' ils	envoient	envoyassent	—	enverraient

part. prés.: envoyant **part. passé:** ayant envoyé **inf. passé:** avoir envoyé

jeter *werfen*

Indicatif

présent		imparfait	passé simple	futur
je	jette	jetais	jetai	jetterai
tu	jettes	jetais	jetas	jetteras
il	jette	jetait	jeta	jettera
nous	jetons	jetions	jetâmes	jetterons
vous	jetez	jetiez	jetâtes	jetterez
ils	jettent	jetaient	jetèrent	jetteront

Subjonctif

présent		imparfait	Impératif	Conditionnel
que je	jette	jetasse	—	jetterais
que tu	jettes	jetasses	jette	jetterais
qu' il	jette	jetât	—	jetterait
que nous	jetions	jetassions	jetons	jetterions
que vous	jetiez	jetassiez	jetez	jetteriez
qu' ils	jettent	jetassent	—	jetteraient

part. prés.: jetant **part. passé:** ayant jeté **inf. passé:** avoir jeté

manger *essen*

Indicatif

présent		imparfait	passé simple	futur
je	mange	mangeais	mangeai	mangerai
tu	manges	mangeais	mangeas	mangeras
il	mange	mangeait	mangea	mangera
nous	mangeons	mangions	mangeâmes	mangerons
vous	mangez	mangiez	mangeâtes	mangerez
ils	mangent	mangeaient	mangèrent	mangeront

Subjonctif

présent		imparfait	Impératif	Conditionnel
que je	mange	mangeasse	—	mangerais
que tu	manges	mangeasses	mange	mangerais
qu' il	mange	mangeât	—	mangerait
que nous	mangions	mangeassions	mangeons	mangerions
que vous	mangiez	mangeassiez	mangez	mangeriez
qu' ils	mangent	mangeassent	—	mangeraient

part. prés.: mangeant **part. passé:** ayant mangé **inf. passé:** avoir mangé

menacer *drohen*

Indicatif

présent		imparfait	passé simple	futur
je	menace	menaçais	menaçai	menacerai
tu	menaces	menaçais	menaças	menaceras
il	menace	menaçait	menaça	menacera
nous	menaçons	menacions	menaçâmes	menacerons
vous	menacez	menaciez	menaçâtes	menacerez
ils	menacent	menaçaient	menacèrent	menaceront

Subjonctif

présent		imparfait	Impératif	Conditionnel
que je	menace	menaçasse	—	menacerais
que tu	menaces	menaçasses	menace	menacerais
qu' il	menace	menaçât	—	menacerait
que nous	menacions	menaçassions	menaçons	menacerions
que vous	menaciez	menaçassiez	menacez	menaceriez
qu' ils	menacent	menaçassent	—	menaceraient

part. prés.: menaçant **part. passé:** ayant menacé **inf. passé:** avoir menacé

payer *bezahlen*

Indicatif

présent		imparfait	passé simple	futur
je	paie/paye	payais	payai	paierai
tu	paies/payes	payais	payas	paieras
il	paie/paye	payait	paya	paiera
nous	payons	payions	payâmes	paierons
vous	payez	payiez	payâtes	paierez
ils	paient/payent	payaient	payèrent	paieront

oder alle Formen mit **y**

Subjonctif

présent		imparfait	Impératif	Conditionnel
que je	paie/paye	payasse	—	paierais
que tu	paies/payes	payasses	paie/paye	paierais
qu' il	paie/paye	payât	—	paierait
que nous	payions	payassions	payons	paierions
que vous	payiez	payassiez	payez	paieriez
qu' ils	paient/payent	payassent	—	paieraient

oder alle Formen mit **y**

part. prés.: payant **part. passé:** ayant payé **inf. passé:** avoir payé

semer *säen*

Indicatif

présent		imparfait	passé simple	futur
je	sème	semais	semai	sèmerai
tu	sèmes	semais	semas	sèmeras
il	sème	semait	sema	sèmera
nous	semons	semions	semâmes	sèmerons
vous	semez	semiez	semâtes	sèmerez
ils	sèment	semaient	semèrent	sèmeront

Subjonctif

présent		imparfait	Impératif	Conditionnel
que je	sème	semasse	—	sèmerais
que tu	sèmes	semasses	sème	sèmerais
qu' il	sème	semât	—	sèmerait
que nous	semions	semassions	semons	sèmerions
que vous	semiez	semassiez	semez	sèmeriez
qu' ils	sèment	semassent	—	sèmeraient

part. prés.: semant **part. passé:** ayant semé **inf. passé:** avoir semé

finir *beenden*

temps simples

Indicatif

présent		imparfait	passé simple	futur
je	fin**is**	fin**issais**	fin**is**	fin**irai**
tu	fin**is**	fin**issais**	fin**is**	fin**iras**
il	fin**it**	fin**issait**	fin**it**	fin**ira**
nous	fin**issons**	fin**issions**	fin**îmes**	fin**irons**
vous	fin**issez**	fin**issiez**	fin**îtes**	fin**irez**
ils	fin**issent**	fin**issaient**	fin**irent**	fin**iront**

Subjonctif / Impératif / Conditionnel

présent		imparfait	Impératif	Conditionnel
que je	fin**isse**	fin**isse**	—	fin**irais**
que tu	fin**isses**	fin**isses**	fin**is**	fin**irais**
qu' il	fin**isse**	fin**ît**	—	fin**irait**
que nous	fin**issions**	fin**issions**	fin**issons**	fin**irions**
que vous	fin**issiez**	fin**issiez**	fin**issez**	fin**iriez**
qu' ils	fin**issent**	fin**issent**	—	fin**iraient**

part. prés. : fin**issant** **part. passé :** fini

Zweite Konjugation

temps composés

Indicatif

passé comp.		plus-que-parf.	passé ant.	futur ant.
j'	ai fini	avais fini	eus fini	aurai fini
tu	as fini	avais fini	eus fini	auras fini
il	a fini	avait fini	eut fini	aura fini
nous	avons fini	avions fini	eûmes fini	aurons fini
vous	avez fini	aviez fini	eûtes fini	aurez fini
ils	ont fini	avaient fini	eurent fini	auront fini

Subjonctif / Conditionnel

passé		plus-que-parf.		Conditionnel passé
que j'	aie fini	eusse fini	—	aurais fini
que tu	aies fini	eusses fini	—	aurais fini
qu' il	ait fini	eût fini	—	aurait fini
que nous	ayons fini	eussions fini	—	aurions fini
que vous	ayez fini	eussiez fini	—	auriez fini
qu' ils	aient fini	eussent fini	—	auraient fini

participe passé : ayant fini **inf. passé :** avoir fini

acquérir *erwerben*

Indicatif

présent		imparfait	passé simple	futur
j'	acquiers	acquérais	acquis	acquerrai
tu	acquiers	acquérais	acquis	acquerras
il	acquiert	acquérait	acquit	acquerra
nous	acquérons	acquérions	acquîmes	acquerrons
vous	acquérez	acquériez	acquîtes	acquerrez
ils	acquièrent	acquéraient	acquirent	acquerront

Subjonctif

présent		imparfait	Impératif	Conditionnel
que j'	acquière	acquisse	—	acquerrais
que tu	acquières	acquisses	acquiers	acquerrais
qu' il	acquière	acquît	—	acquerrait
que nous	acquérions	acquissions	acquérons	acquerrions
que vous	acquériez	acquissiez	acquérez	acquerriez
qu' ils	acquièrent	acquissent	—	acquerraient

part. prés. : acquérant **part. passé :** ayant acquis **inf. passé :** avoir acquis

Zweite Konjugation

assaillir *angreifen*

Indicatif

présent		imparfait	passé simple	futur
j'	assaille	assaillais	assaillis	assaillirai
tu	assailles	assaillais	assaillis	assailliras
il	assaille	assaillait	assaillit	assaillira
nous	assaillons	assaillions	assaillîmes	assaillirons
vous	assaillez	assailliez	assaillîtes	assaillirez
ils	assaillent	assaillaient	assaillirent	assailliront

Subjonctif

présent		imparfait	Impératif	Conditionnel
que j'	assaille	assaillisse	—	assaillirais
que tu	assailles	assaillisses	assaille	assaillirais
qu' il	assaille	assaillît	—	assaillirait
que nous	assaillions	assaillissions	assaillons	assaillirions
que vous	assailliez	assaillissiez	assaillez	assailliriez
qu' ils	assaillent	assaillissent	—	assailliraient

part. prés. : assaillant **part. passé :** ayant assailli **inf. passé :** avoir assailli

bouillir *sieden, kochen*

Indicatif

présent		imparfait	passé simple	futur
je	bous	bouillais	bouillis	bouillirai
tu	bous	bouillais	bouillis	bouilliras
il	bout	bouillait	bouillit	bouillira
nous	bouillons	bouillions	bouillîmes	bouillirons
vous	bouillez	bouilliez	bouillîtes	bouillirez
ils	bouillent	bouillaient	bouillirent	bouilliront

Subjonctif

présent		imparfait	Impératif	Conditionnel
que je	bouille	bouillisse	—	bouillirais
que tu	bouilles	bouillisses	bous	bouillirais
qu' il	bouille	bouillît	—	bouillirait
que nous	bouillions	bouillissions	bouillons	bouillirions
que vous	bouilliez	bouillissiez	bouillez	bouilliriez
qu' ils	bouillent	bouillissent	—	bouilliraient

part. prés.: bouillant **part. passé:** ayant bouilli **inf. passé:** avoir bouilli

courir *laufen*

Indicatif

présent		imparfait	passé simple	futur
je	cours	courais	courus	courrai
tu	cours	courais	courus	courras
il	court	courait	courut	courra
nous	courons	courions	courûmes	courrons
vous	courez	couriez	courûtes	courrez
ils	courent	couraient	coururent	courront

Subjonctif

présent		imparfait	Impératif	Conditionnel
que je	coure	courusse	—	courrais
que tu	coures	courusses	cours	courrais
qu' il	coure	courût	—	courrait
que nous	courions	courussions	courons	courrions
que vous	couriez	courussiez	courez	courriez
qu' ils	courent	courussent	—	courraient

part. prés.: courant **part. passé:** ayant couru **inf. passé:** avoir couru

couvrir *bedecken*

présent und Ableitungen nach der 1. Konjugation.

Indicatif

présent		imparfait	passé simple	futur
je	**couvre**	couvrais	couvris	couvrirai
tu	**couvres**	couvrais	couvris	couvrias
il	**couvre**	couvrait	couvrit	couvrira
nous	couvrons	couvrions	couvrîmes	couvrirons
vous	couvrez	couvriez	couvrîtes	couvrirez
ils	couvrent	couvraient	couvrirent	couvriront

Subjonctif / Impératif / Conditionnel

Subjonctif présent		Subjonctif imparfait	Impératif	Conditionnel
que je	couvre	couvrisse	—	couvrirais
que tu	couvres	couvrisses	**couvre**	couvrirais
qu' il	couvre	couvrît	—	couvrirait
que nous	couvrions	couvrissions	couvrons	couvririons
que vous	couvriez	couvrissiez	couvrez	couvririez
qu' ils	couvrent	couvrissent	—	couvriraient

part. prés.: couvrant **part. passé:** ayant **couvert** **inf. passé:** avoir **couvert**

cueillir *pflücken*

présent und Ableitungen nach der 1. Konjugation.

Indicatif

présent		imparfait	passé simple	futur
je	**cueille**	cueillais	cueillis	**cueillerai**
tu	**cueilles**	cueillais	cueillis	**cueilleras**
il	**cueille**	cueillait	cueillit	**cueillera**
nous	cueillons	cueillions	cueillîmes	**cueillerons**
vous	cueillez	cueilliez	cueillîtes	**cueillerez**
ils	cueillent	cueillaient	cueillirent	**cueilleront**

Subjonctif / Impératif / Conditionnel

Subjonctif présent		Subjonctif imparfait	Impératif	Conditionnel
que je	cueille	cueillisse	—	**cueillerais**
que tu	cueilles	cueillisses	**cueille**	**cueillerais**
qu' il	cueille	cueillît	—	**cueillerait**
que nous	cueillions	cueillissions	cueillons	**cueillerions**
que vous	cueilliez	cueillissiez	cueillez	**cueilleriez**
qu' ils	cueillent	cueillissent	—	**cueilleraient**

part. prés.: cueillant **part. passé:** ayant cueilli **inf. passé:** avoir cueilli

dormir *schlafen*

Indicatif

présent		imparfait	passé simple	futur
je	dors	dormais	dormis	dormirai
tu	dors	dormais	dormis	dormiras
il	dort	dormait	dormit	dormira
nous	dormons	dormions	dormîmes	dormirons
vous	dormez	dormiez	dormîtes	dormirez
ils	dorment	dormaient	dormirent	dormiront

Subjonctif

présent		imparfait	Impératif	Conditionnel
que je	dorme	dormisse	—	dormirais
que tu	dormes	dormisses	dors	dormirais
qu' il	dorme	dormît	—	dormirait
que nous	dormions	dormissions	dormons	dormirions
que vous	dormiez	dormissiez	dormez	dormiriez
qu' ils	dorment	dormissent	—	dormiraient

part. prés.: dormant **part. passé:** ayant dormi **inf. passé:** avoir dormi

Zweite Konjugation

fuir *fliehen*

Indicatif

présent		imparfait	passé simple	futur
je	fuis	fuyais	fuis	fuirai
tu	fuis	fuyais	fuis	fuiras
il	fuit	fuyait	fuit	fuira
nous	fuyons	fuyions	fuîmes	fuirons
vous	fuyez	fuyiez	fuîtes	fuirez
ils	fuient	fuyaient	fuirent	fuiront

Subjonctif

présent		imparfait	Impératif	Conditionnel
que je	fuie	fuisse	—	fuirais
que tu	fuies	fuisses	fuis	fuirais
qu' il	fuie	fuît	—	fuirait
que nous	fuyions	fuissions	fuyons	fuirions
que vous	fuyiez	fuissiez	fuyez	fuiriez
qu' ils	fuient	fuissent	—	fuiraient

part. prés.: fuyant **part. passé:** ayant fui **inf. passé:** avoir fui

haïr *hassen*

Indicatif

présent		imparfait	passé simple	futur
je	hais	haïssais	haïs	haïrai
tu	hais	haïssais	haïs	haïras
il	hait	haïssait	haït	haïra
nous	haïssons	haïssions	haïmes	haïrons
vous	haïssez	haïssiez	haïtes	haïrez
ils	haïssent	haïssaient	haïrent	haïront

Subjonctif

présent		imparfait	Impératif	Conditionnel
que je	haïsse	haïsse	—	haïrais
que tu	haïsses	haïsses	hais	haïrais
qu' il	haïsse	haït	—	haïrait
que nous	haïssions	haïssions	haïssons	haïrions
que vous	haïssiez	haïssiez	haïssez	haïriez
qu' ils	haïssent	haïssent	—	haïraient

part. prés.: haïssant **part. passé:** ayant haï **inf. passé:** avoir haï

mourir *sterben*

Indicatif

présent		imparfait	passé simple	futur
je	meurs	mourais	mourus	mourrai
tu	meurs	mourais	mourus	mourras
il	meurt	mourait	mourut	mourra
nous	mourons	mourions	mourûmes	mourrons
vous	mourez	mouriez	mourûtes	mourrez
ils	meurent	mouraient	moururent	mourront

Subjonctif

présent		imparfait	Impératif	Conditionnel
que je	meure	mourusse	—	mourrais
que tu	meures	mourusses	meurs	mourrais
qu' il	meure	mourût	—	mourrait
que nous	mourions	mourussions	mourons	mourrions
que vous	mouriez	mourussiez	mourez	mourriez
qu' ils	meurent	mourussent	—	mourraient

part. prés.: mourant **part. passé:** étant mort **inf. passé:** être mort

sentir *fühlen*

Indicatif

présent		imparfait	passé simple	futur
je	**sens**	sentais	sentis	sentirai
tu	**sens**	sentais	sentis	sentiras
il	**sent**	sentait	sentit	sentira
nous	sentons	sentions	sentîmes	sentirons
vous	sentez	sentiez	sentîtes	sentirez
ils	sentent	sentaient	sentirent	sentiront

Subjonctif

présent		imparfait	Impératif	Conditionnel
que je	sente	sentisse	—	sentirais
que tu	sentes	sentisses	**sens**	sentirais
qu' il	sente	sentît	—	sentirait
que nous	sentions	sentissions	sentons	sentirions
que vous	sentiez	sentissiez	sentez	sentiriez
qu' ils	sentent	sentissent	—	sentiraient

part. prés.: sentant **part. passé:** ayant senti **inf. passé:** avoir senti

servir *bedienen*

Indicatif

présent		imparfait	passé simple	futur
je	**sers**	servais	servis	servirai
tu	**sers**	servais	servis	serviras
il	**sert**	servait	servit	servira
nous	servons	servions	servîmes	servirons
vous	servez	serviez	servîtes	servirez
ils	servent	servaient	servirent	serviront

Subjonctif

présent		imparfait	Impératif	Conditionnel
que je	serve	servisse	—	servirais
que tu	serves	servisses	**sers**	servirais
qu' il	serve	servît	—	servirait
que nous	servions	servissions	servons	servirions
que vous	serviez	servissiez	servez	serviriez
qu' ils	servent	servissent	—	serviraient

part. prés.: servant **part. passé:** ayant servi **inf. passé:** avoir servi

venir *kommen*

Indicatif

présent		imparfait	passé simple	futur
je	viens	venais	vins	viendrai
tu	viens	venais	vins	viendras
il	vient	venait	vint	viendra
nous	venons	venions	vînmes	viendrons
vous	venez	veniez	vîntes	viendrez
ils	viennent	venaient	vinrent	viendront

Subjonctif / Impératif / Conditionnel

présent		imparfait	Impératif	Conditionnel
que je	vienne	vinsse	—	viendrais
que tu	viennes	vinsses	viens	viendrais
qu' il	vienne	vînt	—	viendrait
que nous	venions	vinssions	venons	viendrions
que vous	veniez	vinssiez	venez	viendriez
qu' ils	viennent	vinssent	—	viendraient

part. prés.: venant **part. passé:** étant venu **inf. passé:** être venu

vêtir *bekleiden*

Indicatif

présent		imparfait	passé simple	futur
je	vêts	vêtais	vêtis	vêtirai
tu	vêts	vêtais	vêtis	vêtiras
il	vêt	vêtait	vêtit	vêtira
nous	vêtons	vêtions	vêtîmes	vêtirons
vous	vêtez	vêtiez	vêtîtes	vêtirez
ils	vêtent	vêtaient	vêtirent	vêtiront

Subjonctif / Impératif / Conditionnel

présent		imparfait	Impératif	Conditionnel
que je	vête	vêtisse	—	vêtirais
que tu	vêtes	vêtisses	vêts	vêtirais
qu' il	vête	vêtît	—	vêtirait
que nous	vêtions	vêtissions	vêtons	vêtirions
que vous	vêtiez	vêtissiez	vêtez	vêtiriez
qu' ils	vêtent	vêtissent	—	vêtiraient

part. prés.: vêtant **part. passé:** ayant vêtu **inf. passé:** avoir vêtu

temps simples

Indicatif

	présent	imparfait	passé simple	futur
je	reç**ois**	rec**evais**	reç**us**	rec**evrai**
tu	reç**ois**	rec**evais**	reç**us**	rec**evras**
il	reç**oit**	rec**evait**	reç**ut**	rec**evra**
nous	rec**evons**	rec**evions**	reç**ûmes**	rec**evrons**
vous	rec**evez**	rec**eviez**	reç**ûtes**	rec**evrez**
ils	reç**oivent**	rec**evaient**	reç**urent**	rec**evront**

Subjonctif / Impératif / Conditionnel

	Subjonctif présent	Subjonctif imparfait	Impératif	Conditionnel
que je	reç**oive**	reç**usse**	—	rec**evrais**
que tu	reç**oives**	reç**usses**	reç**ois**	rec**evrais**
qu' il	reç**oive**	reç**ût**	—	rec**evrait**
que nous	rec**evions**	reç**ussions**	rec**evons**	rec**evrions**
que vous	rec**eviez**	reç**ussiez**	rec**evez**	rec**evriez**
qu' ils	reç**oivent**	reç**ussent**	—	rec**evraient**

part. prés.: rec**evant** **part. passé:** re**çu**

temps composés

Indicatif

	passé comp.	plus-que-parf.	passé ant.	futur ant.
j'	ai reçu	avais reçu	eus reçu	aurai reçu
tu	as reçu	avais reçu	eus reçu	auras reçu
il	a reçu	avait reçu	eut reçu	aura reçu
nous	avons reçu	avions reçu	eûmes reçu	aurons reçu
vous	avez reçu	aviez reçu	eûtes reçu	aurez reçu
ils	ont reçu	avaient reçu	eurent reçu	auront reçu

Subjonctif / Conditionnel

	Subjonctif passé	Subjonctif plus-que-parf.		Conditionnel passé
que j'	aie reçu	eusse reçu	—	aurais reçu
que tu	aies reçu	eusses reçu	—	aurais reçu
qu' il	ait reçu	eût reçu	—	aurait reçu
que nous	ayons reçu	eussions reçu	—	aurions reçu
que vous	ayez reçu	eussiez reçu	—	auriez reçu
qu' ils	aient reçu	eussent reçu	—	auraient reçu

participe passé: ayant re**çu** **inf. passé:** avoir re**çu**

asseoir *setzen*

Indicatif

	présent	imparfait	passé simple	futur
j'	assieds	asseyais	assis	assiérai
tu	assieds	asseyais	assis	assiéras
il	assied	asseyait	assit	assiéra
nous	asseyons	asseyions	assîmes	assiérons
vous	asseyez	asseyiez	assîtes	assiérez
ils	asseyent	asseyaient	assirent	assiéront

présent: daneben Formen mit -o-: assois–assoyons

imparfait: daneben Formen mit -o-: assoyais–assoyions

futur: daneben Formen mit -o-: assoirai–assoirons

Subjonctif

	présent	imparfait	Impératif	Conditionnel
que j'	asseye	assisse	—	assiérais
que tu	asseyes	assisses	assieds	assiérais
qu' il	asseye	assît	—	assiérait
que nous	asseyions	assissions	asseyons	assiérions
que vous	asseyiez	assissiez	asseyez	assiériez
qu' ils	asseyent	assissent	—	assiéraient

Subjonctif présent: daneben Formen mit -o-: assoie–assoyions

Impératif: daneben Formen mit -o-: assois–assoyons–assoyez

Conditionnel: daneben Formen mit -o-: assoirais–assoirions

part. prés.: asseyant (assoyant) **part. passé:** ayant assis

inf. passé: avoir assis

déchoir *verfallen*

Indicatif

	présent	imparfait	passé simple	futur
je	déchois	—	déchus	déchoirai/décherrai
tu	déchois	—	déchus	déchoiras/décherras
il	déchoit/déchet	—	déchut	déchoira/décherra
nous	déchoyons	—	déchûmes	déchoirons/décherrons
vous	déchoyez	—	déchûtes	déchoirez/décherrez
ils	déchoient	—	déchurent	déchoiront/décherront

Subjonctif

	présent	imparfait	Impératif	Conditionnel
que je	déchoie	déchusse	—	déchoirais/décherrais
que tu	déchoies	déchusses	déchois	déchoirais/décherrais
qu' il	déchoie	déchût	—	déchoirait/décherrait
que nous	déchoyions	déchussions	déchoyons	déchoirions/décherrions
que vous	déchoyiez	déchussiez	déchoyez	déchoiriez/décherriez
qu' ils	déchoient	déchussent	—	déchoiraient/décherraient

part. prés.: — **part. passé:** ayant déchu **inf. passé:** avoir déchu

devoir *müssen*

Indicatif

présent		imparfait	passé simple	futur
je	dois	devais	dus	devrai
tu	dois	devais	dus	devras
il	doit	devait	dut	devra
nous	devons	devions	dûmes	devrons
vous	devez	deviez	dûtes	devrez
ils	doivent	devaient	durent	devront

Subjonctif / Impératif / Conditionnel

Subjonctif présent		Subjonctif imparfait	Impératif	Conditionnel
que je	doive	dusse	—	devrais
que tu	doives	dusses	dois	devrais
qu' il	doive	dût	—	devrait
que nous	devions	dussions	devons	devrions
que vous	deviez	dussiez	devez	devriez
qu' ils	doivent	dussent	—	devraient

part. prés.: devant **part. passé:** ayant dû **inf. passé:** avoir dû

falloir *nötig sein*

Nur in der 3. Person Singular gebräuchlich.

Indicatif

présent		imparfait	passé simple	futur
il	faut	fallait	fallut	faudra

Subjonctif / Impératif / Conditionnel

Subjonctif présent		Subjonctif imparfait	Impératif	Conditionnel
qu' il	faille	fallût	—	faudrait

part. prés.: — **part. passé:** ayant fallu **inf. passé:** avoir fallu

mouvoir *bewegen*

Indicatif

présent		imparfait	passé simple	futur
je	meus	mouvais	mus	mouvrai
tu	meus	mouvais	mus	mouvras
il	meut	mouvait	mut	mouvra
nous	mouvons	mouvions	mûmes	mouvrons
vous	mouvez	mouviez	mûtes	mouvrez
ils	meuvent	mouvaient	murent	mouvront

Subjonctif / Impératif / Conditionnel

présent		imparfait	Impératif	Conditionnel
que je	meuve	musse	—	mouvrais
que tu	meuves	musses	meus	mouvrais
qu' il	meuve	mût	—	mouvrait
que nous	mouvions	mussions	mouvons	mouvrions
que vous	mouviez	mussiez	mouvez	mouvriez
qu' ils	meuvent	mussent	—	mouvraient

part. prés.: mouvant **part. passé:** ayant mû **inf. passé:** avoir mû

pleuvoir *regnen*

Nur in der 3. Person Singular gebräuchlich.

Indicatif

présent		imparfait	passé simple	futur
il	pleut	pleuvait	plut	pleuvra

Subjonctif / Impératif / Conditionnel

présent		imparfait	Impératif	Conditionnel
qu' il	pleuve	plût	—	pleuvrait

part. prés.: pleuvant **part. passé:** ayant plu **inf. passé:** avoir plu

pourvoir *für etwas sorgen*

Indicatif

présent		imparfait	passé simple	futur
je	pourvois	pourvoyais	pourvus	pourvoirai
tu	pourvois	pourvoyais	pourvus	pourvoiras
il	pourvoit	pourvoyait	pourvut	pourvoira
nous	pourvoyons	pourvoyions	pourvûmes	pourvoirons
vous	pourvoyez	pourvoyiez	pourvûtes	pourvoirez
ils	pourvoient	pourvoyaient	pourvurent	pourvoiront

Subjonctif / Impératif / Conditionnel

Subjonctif présent		Subjonctif imparfait	Impératif	Conditionnel
que je	pourvoie	pourvusse	—	pourvoirais
que tu	pourvoies	pourvusses	pourvois	pourvoirais
qu' il	pourvoie	pourvût	—	pourvoirait
que nous	pourvoyions	pourvussions	pourvoyons	pourvoirions
que vous	pourvoyiez	pourvussiez	pourvoyez	pourvoiriez
qu' ils	pourvoient	pourvussent	—	pourvoiraient

part. prés.: pourvoyant **part. passé:** ayant pourvu **inf. passé:** avoir pourvu

pouvoir *können*

Indicatif

présent		imparfait	passé simple	futur
je	peux (puis)	pouvais	pus	pourrai
tu	peux	pouvais	pus	pourras
il	peut	pouvait	put	pourra
nous	pouvons	pouvions	pûmes	pourrons
vous	pouvez	pouviez	pûtes	pourrez
ils	peuvent	pouvaient	purent	pourront

Subjonctif / Impératif / Conditionnel

Subjonctif présent		Subjonctif imparfait	Impératif	Conditionnel
que je	puisse	pusse	—	pourrais
que tu	puisses	pusses	—	pourrais
qu' il	puisse	pût	—	pourrait
que nous	puissions	pussions	—	pourrions
que vous	puissiez	pussiez	—	pourriez
qu' ils	puissent	pussent	—	pourraient

part. prés.: pouvant **part. passé:** ayant pu **inf. passé:** avoir pu

prévoir *voraussehen*

Indicatif

présent		imparfait	passé simple	futur
je	prévois	prévoyais	prévis	prévoirai
tu	prévois	prévoyais	prévis	prévoiras
il	prévoit	prévoyait	prévit	prévoira
nous	prévoyons	prévoyions	prévîmes	prévoirons
vous	prévoyez	prévoyiez	prévîtes	prévoirez
ils	prévoient	prévoyaient	prévirent	prévoiront

Subjonctif / Impératif / Conditionnel

présent		imparfait	Impératif	Conditionnel
que je	prévoie	prévisse	—	prévoirais
que tu	prévoies	prévisses	prévois	prévoirais
qu' il	prévoie	prévît	—	prévoirait
que nous	prévoyions	prévissions	prévoyons	prévoirions
que vous	prévoyiez	prévissiez	prévoyez	prévoiriez
qu' ils	prévoient	prévissent	—	prévoiraient

part. prés.: prévoyant **part. passé:** ayant prévu **inf. passé:** avoir prévu

savoir *wissen*

Indicatif

présent		imparfait	passé simple	futur
je	sais	savais	sus	saurai
tu	sais	savais	sus	sauras
il	sait	savait	sut	saura
nous	savons	savions	sûmes	saurons
vous	savez	saviez	sûtes	saurez
ils	savent	savaient	surent	sauront

Subjonctif / Impératif / Conditionnel

présent		imparfait	Impératif	Conditionnel
que je	sache	susse	—	saurais
que tu	saches	susses	sache	saurais
qu' il	sache	sût	—	saurait
que nous	sachions	sussions	sachons	saurions
que vous	sachiez	sussiez	sachez	sauriez
qu' ils	sachent	sussent	—	sauraient

part. prés.: sachant **part. passé:** ayant su **inf. passé:** avoir su

surseoir *aufschieben*

Indicatif

présent		imparfait	passé simple	futur
je	sursois	sursoyais	sursis	surseoirai
tu	sursois	sursoyais	sursis	surseoiras
il	sursoit	sursoyait	surit	surseoira
nous	sursoyons	sursoyions	sursîmes	surseoirons
vous	sursoyez	sursoyiez	sursîtes	surseoirez
ils	sursoient	sursoyaient	sursirent	surseoiront

Subjonctif / Impératif / Conditionnel

Subjonctif présent		Subjonctif imparfait	Impératif	Conditionnel
que je	sursoie	sursisse	—	surseoirais
que tu	sursoies	sursisses	sursois	surseoirais
qu' il	sursoie	sursît	—	surseoirait
que nous	sursoyions	sursissions	sursoyons	surseoirions
que vous	sursoyiez	sursissiez	sursoyez	surseoiriez
qu' ils	sursoient	sursissent	—	surseoiraient

part. prés.: sursoyant **part. passé:** ayant sursis **inf. passé:** avoir sursis

valoir *wert sein, gelten*

Indicatif

présent		imparfait	passé simple	futur
je	vaux	valais	valus	vaudrai
tu	vaux	valais	valus	vaudras
il	vaut	valait	valut	vaudra
nous	valons	valions	valûmes	vaudrons
vous	valez	valiez	valûtes	vaudrez
ils	valent	valaient	valurent	vaudront

Subjonctif / Impératif / Conditionnel

Subjonctif présent		Subjonctif imparfait	Impératif	Conditionnel
que je	vaille	valusse	—	vaudrais
que tu	vailles	valusses	vaux	vaudrais
qu' il	vaille	valût	—	vaudrait
que nous	valions	valussions	valons	vaudrions
que vous	valiez	valussiez	valez	vaudriez
qu' ils	vaillent	valussent	—	vaudraient

part. prés.: valant **part. passé:** ayant valu **inf. passé:** avoir valu

voir *sehen*

Indicatif

présent	imparfait	passé simple	futur
je vois	voyais	vis	verrai
tu vois	voyais	vis	verras
il voit	voyait	vit	verra
nous voyons	voyions	vîmes	verrons
vous voyez	voyiez	vîtes	verrez
ils voient	voyaient	virent	verront

Subjonctif

présent	imparfait	Impératif	Conditionnel
que je voie	visse	—	verrais
que tu voies	visses	vois	verrais
qu' il voie	vît	—	verrait
que nous voyions	vissions	voyons	verrions
que vous voyiez	vissiez	voyez	verriez
qu' ils voient	vissent	—	verraient

part. prés.: voyant **part. passé:** ayant vu **inf. passé:** avoir vu

vouloir *wollen*

Indicatif

présent	imparfait	passé simple	futur
je veux	voulais	voulus	voudrai
tu veux	voulais	voulus	voudras
il veut	voulait	voulut	voudra
nous voulons	voulions	voulûmes	voudrons
vous voulez	vouliez	voulûtes	voudrez
ils veulent	voulaient	voulurent	voudront

Subjonctif

présent	imparfait	Impératif	Conditionnel
que je veuille	voulusse	—	voudrais
que tu veuilles	voulusses	veuille	voudrais
qu' il veuille	voulût	—	voudrait
que nous voulions	voulussions	veuillons	voudrions
que vous vouliez	voulussiez	veuillez	voudriez
qu' ils veuillent	voulussent	—	voudraient

part. prés.: voulant **part. passé:** ayant voulu **inf. passé:** avoir voulu

descendre *hinuntersteigen*

temps simples

Indicatif

	présent	imparfait	passé simple	futur
je	descend**s**	descend**ais**	descend**is**	descend**rai**
tu	descend**s**	descend**ais**	descend**is**	descend**ras**
il	descend	descend**ait**	descend**it**	descend**ra**
nous	descend**ons**	descend**ions**	descend**îmes**	descend**rons**
vous	descend**ez**	descend**iez**	descend**îtes**	descend**rez**
ils	descend**ent**	descend**aient**	descend**irent**	descend**ront**

Subjonctif / Impératif / Conditionnel

	Subjonctif présent	Subjonctif imparfait	Impératif	Conditionnel
que je	descend**e**	descend**isse**	—	descend**rais**
que tu	descend**es**	descend**isses**	descend**s**	descend**rais**
qu' il	descend**e**	descend**ît**	—	descend**rait**
que nous	descend**ions**	descend**issions**	descend**ons**	descend**rions**
que vous	descend**iez**	descend**issiez**	descend**ez**	descend**riez**
qu' ils	descend**ent**	descend**issent**	—	descend**raient**

part. prés.: descend**ant** **part. passé:** descend**u**

temps composés

Indicatif

	passé comp.	plus-que-parf.	passé ant.	futur ant.
j(e)	suis descendu	étais descendu	fus descendu	serai descendu
tu	es descendu	étais descendu	fus descendu	seras descendu
il	est descendu	était descendu	fut descendu	sera descendu
nous	sommes descendus	étions descendus	fûmes descendus	serons descendus
vous	êtes descendus	étiez descendus	fûtes descendus	serez descendus
ils	sont descendus	étaient descendus	furent descendus	seront descendus

Subjonctif / Conditionnel

	Subjonctif passé	Subjonctif plus-que-parf.	Conditionnel passé
que je	sois descendu	fusse descendu	serais descendu
que tu	sois descendu	fusses descendu	serais descendu
qu' il	soit descendu	fût descendu	serait descendu
que nous	soyons descendus	fussions descendus	serions descendus
que vous	soyez descendus	fussiez descendus	seriez descendus
qu' ils	soient descendus	fussent descendus	seraient descendus

participe passé: étant descend**u** **inf. passé:** être descend**u**

absoudre *freisprechen*

Stamm: **absolv-** vor Vokal, **absou-** vor Konsonant

Indicatif

présent		imparfait	passé simple	futur
j'	absous	absolvais	—	absoudrai
tu	absous	absolvais	—	absoudras
il	absout	absolvait	—	absoudra
nous	absolvons	absolvions	—	absoudrons
vous	absolvez	absolviez	—	absoudrez
ils	absolvent	absolvaient	—	absoudront

Subjonctif / Impératif / Conditionnel

présent		imparfait	Impératif	Conditionnel
que j'	absolve	—	—	absoudrais
que tu	absolves	—	absous	absoudrais
qu' il	absolve	—	—	absoudrait
que nous	absolvions	—	absolvons	absoudrions
que vous	absolviez	—	absolvez	absoudriez
qu' ils	absolvent	—	—	absoudraient

part. prés.: absolvant **part. passé:** ayant absous **inf. passé:** avoir absous

accroître *vermehren*

Indicatif

présent		imparfait	passé simple	futur
j'	accrois	accroissais	accrus	accroîtrai
tu	accrois	accroissais	accrus	accroîtras
il	accroît	accroissait	accrut	accroîtra
nous	accroissons	accroissions	accrûmes	accroîtrons
vous	accroissez	accroissiez	accrûtes	accroîtrez
ils	accroissent	accroissaient	accrurent	accroîtront

Subjonctif / Impératif / Conditionnel

présent		imparfait	Impératif	Conditionnel
que j'	accroisse	accrusse	—	accroîtrais
que tu	accroisses	accrusses	accrois	accroîtrais
qu' il	accroisse	accrût	—	accroîtrait
que nous	accroissions	accrussions	accroissons	accroîtrions
que vous	accroissiez	accrussiez	accroissez	accroîtriez
qu' ils	accroissent	accrussent	—	accroîtraient

part. prés.: accroissant **part. passé:** ayant accru **inf. passé:** avoir accru

Vierte Konjugation

battre *schlagen*

Indicatif

présent		imparfait	passé simple	futur
je	bats	battais	battis	battrai
tu	bats	battais	battis	battras
il	bat	battait	battit	battra
nous	battons	battions	battîmes	battrons
vous	battez	battiez	battîtes	battrez
ils	battent	battaient	battirent	battront

Subjonctif

présent		imparfait	Impératif	Conditionnel
que je	batte	battisse	—	battrais
que tu	battes	battisses	bats	battrais
qu' il	batte	baittît	—	battrait
que nous	battions	battissions	battons	battrions
que vous	battiez	battissiez	battez	battriez
qu' ils	battent	battissent	—	battraient

part. prés.: battant **part. passé:** ayant battu **inf. passé:** avoir battu

boire *trinken*

Indicatif

présent		imparfait	passé simple	futur
je	bois	buvais	bus	boirai
tu	bois	buvais	bus	boiras
il	boit	buvait	but	boira
nous	buvons	buvions	bûmes	boirons
vous	buvez	buviez	bûtes	boirez
ils	boivent	buvaient	burent	boiront

Subjonctif

présent		imparfait	Impératif	Conditionnel
que je	boive	busse	—	boirais
que tu	boives	busses	bois	boirais
qu' il	boive	bût	—	boirait
que nous	buvions	bussions	buvons	boirions
que vous	buviez	bussiez	buvez	boiriez
qu' ils	boivent	bussent	—	boiraient

part. prés.: buvant **part. passé:** ayant bu **inf. passé:** avoir bu

conclure *(Vertrag) schließen*

Indicatif

présent		imparfait	passé simple	futur
je	conclus	concluais	**conclus**	conclurai
tu	conclus	concluais	**conclus**	concluras
il	conclut	concluait	**conclut**	conclura
nous	concluons	concluions	**conclûmes**	conclurons
vous	concluez	concluiez	**conclûtes**	conclurez
ils	concluent	concluaient	**conclurent**	concluront

Subjonctif

présent		imparfait	Impératif	Conditionnel
que je	conclue	**conclusse**	—	conclurais
que tu	conclues	**conclusses**	conclus	conclurais
qu' il	conclue	**conclût**	—	conclurait
que nous	concluions	**conclussions**	concluons	conclurions
que vous	concluiez	**conclussiez**	concluez	concluriez
qu' ils	concluent	**conclussent**	—	concluraient

part. prés.: concluant **part. passé:** ayant conclu **inf. passé:** avoir conclu

conduire *führen, fahren*

Indicatif

présent		imparfait	passé simple	futur
je	conduis	conduisais	conduisis	conduirai
tu	conduis	conduisais	conduisis	conduiras
il	conduit	conduisait	conduisit	conduira
nous	conduisons	conduisions	conduisîmes	conduirons
vous	conduisez	conduisiez	conduisîtes	conduirez
ils	conduisent	conduisaient	conduisirent	conduiront

Subjonctif

présent		imparfait	Impératif	Conditionnel
que je	conduise	conduisisse	—	conduirais
que tu	conduises	conduisisses	conduis	conduirais
qu' il	conduise	conduisît	—	conduirait
que nous	conduisions	conduisissions	conduisons	conduirions
que vous	conduisiez	conduisissiez	conduisez	conduiriez
qu' ils	conduisent	conduisissent	—	conduiraient

part. prés.: conduisant **part. passé:** ayant **conduit** **inf. passé:** avoir **conduit**

confire *(Früchte) einmachen*

Indicatif

présent		imparfait	passé simple	futur
je	confis	confisais	confis	confirai
tu	confis	confisais	confis	confiras
il	confit	confisait	confit	confira
nous	confisons	confisions	confîmes	confirons
vous	confisez	confisiez	confîtes	confirez
ils	confisent	confisaient	confirent	confiront

Subjonctif / Impératif / Conditionnel

présent		imparfait	Impératif	Conditionnel
que je	confise	—	—	confirais
que tu	confises	—	confis	confirais
qu' il	confise	—	—	confirait
que nous	confisions	—	confisons	confirions
que vous	confisiez	—	confisez	confiriez
qu' ils	confisent	—	—	confiraient

part. prés.: confisant **part. passé:** ayant **confit** **inf. passé:** avoir **confit**

coudre *nähen*

Indicatif

présent		imparfait	passé simple	futur
je	couds	**cousais**	**cousis**	coudrai
tu	couds	**cousais**	**cousis**	coudras
il	coud	**cousait**	**cousit**	coudra
nous	**cousons**	**cousions**	**cousîmes**	coudrons
vous	**cousez**	**cousiez**	**cousîtes**	coudrez
ils	**cousent**	**cousaient**	**cousirent**	coudront

Subjonctif / Impératif / Conditionnel

présent		imparfait	Impératif	Conditionnel
que je	**couse**	**cousisse**	—	coudrais
que tu	**couses**	**cousisses**	couds	coudrais
qu' il	**couse**	**cousît**	—	coudrait
que nous	**cousions**	**cousissions**	**cousons**	coudrions
que vous	**cousiez**	**cousissiez**	**cousez**	coudriez
qu' ils	**cousent**	**cousissent**	—	coudraient

part. prés.: **cousant** **part. passé:** ayant **cousu** **inf. passé:** avoir **cousu**

craindre *fürchten*

Indicatif

présent		imparfait	passé simple	futur
je	crains	craignais	craignis	craindrai
tu	crains	craignais	craignis	craindras
il	craint	craignait	craignit	craindra
nous	craignons	craignions	craignîmes	craindrons
vous	craignez	craigniez	craignîtes	craindrez
ils	craignent	craignaient	craignirent	craindront

Subjonctif / Impératif / Conditionnel

Subjonctif présent		Subjonctif imparfait	Impératif	Conditionnel
que je	craigne	craignisse	—	craindrais
que tu	craignes	craignisses	crains	craindrais
qu' il	craigne	craignît	—	craindrait
que nous	craignions	craignissions	craignons	craindrions
que vous	craigniez	craignissiez	craignez	craindriez
qu' ils	craignent	craignissent	—	craindraient

part. prés.: craignant **part. passé:** ayant craint **inf. passé:** avoir craint

croire *glauben*

Indicatif

présent		imparfait	passé simple	futur
je	crois	croyais	crus	croirai
tu	crois	croyais	crus	croiras
il	croit	croyait	crut	croira
nous	croyons	croyions	crûmes	croirons
vous	croyez	croyiez	crûtes	croirez
ils	croient	croyaient	crurent	croiront

Subjonctif / Impératif / Conditionnel

Subjonctif présent		Subjonctif imparfait	Impératif	Conditionnel
que je	croie	crusse	—	croirais
que tu	croies	crusses	crois	croirais
qu' il	croie	crût	—	croirait
que nous	croyions	crussions	croyons	croirions
que vous	croyiez	crussiez	croyez	croiriez
qu' ils	croient	crussent	—	croiraient

part. prés.: croyant **part. passé:** ayant cru **inf. passé:** avoir cru

croître *wachsen*

Indicatif

présent		imparfait	passé simple	futur
je	croîs	croissais	crûs	croîtrai
tu	croîs	croissais	crûs	croîtras
il	croît	croissait	crût	croîtra
nous	croissons	croissions	crûmes	croîtrons
vous	croissez	croissiez	crûtes	croîtrez
ils	croissent	croissaient	crûrent	croîtront

Subjonctif / Impératif / Conditionnel

présent		imparfait	Impératif	Conditionnel
que je	croisse	crûsse	—	croîtrais
que tu	croisses	crûsses	croîs	croîtrais
qu' il	croisse	crût	—	croîtrait
que nous	croissions	crûssions	croissons	croîtrions
que vous	croissiez	crûssiez	croissez	croîtriez
qu' ils	croissent	crûssent	—	croîtraient

part. prés. : croissant **part. passé :** ayant crû **inf. passé :** avoir crû

dire *sagen*

Indicatif

présent		imparfait	passé simple	futur
je	dis	disais	dis	dirai
tu	dis	disais	dis	diras
il	dit	disait	dit	dira
nous	disons	disions	dîmes	dirons
vous	dites	disiez	dîtes	direz
ils	disent	disaient	dirent	diront

Subjonctif / Impératif / Conditionnel

présent		imparfait	Impératif	Conditionnel
que je	dise	disse	—	dirais
que tu	dises	disses	dis	dirais
qu' il	dise	dît	—	dirait
que nous	disions	dissions	disons	dirions
que vous	disiez	dissiez	dites	diriez
qu' ils	disent	dissent	—	diraient

part. prés. : disant **part. passé :** ayant dit **inf. passé :** avoir dit

écrire *schreiben*

Indicatif

présent		imparfait	passé simple	futur
j'	écris	écrivais	écrivis	écrirai
tu	écris	écrivais	écrivis	écriras
il	écrit	écrivait	écrivit	écrira
nous	écrivons	écrivions	écrivîmes	écrirons
vous	écrivez	écriviez	écrivîtes	écrirez
ils	écrivent	écrivaient	écrivirent	écriront

Subjonctif / Impératif / Conditionnel

présent		imparfait	Impératif	Conditionnel
que j'	écrive	écrivisse	—	écrirais
que tu	écrives	écrivisses	écris	écrirais
qu' il	écrive	écrivît	—	écrirait
que nous	écrivions	écrivissions	écrivons	écririons
que vous	écriviez	écrivissiez	écrivez	écririez
qu' ils	écrivent	écrivissent	—	écriraient

part. prés.: écrivant **part. passé:** ayant écrit **inf. passé:** avoir écrit

faire *machen*

Indicatif

présent		imparfait	passé simple	futur
je	fais	faisais	fis	ferai
tu	fais	faisais	fis	feras
il	fait	faisait	fit	fera
nous	faisons	faisions	fîmes	ferons
vous	faites	faisiez	fîtes	ferez
ils	font	faisaient	firent	feront

Subjonctif / Impératif / Conditionnel

présent		imparfait	Impératif	Conditionnel
que je	fasse	fisse	—	ferais
que tu	fasses	fisses	fais	ferais
qu' il	fasse	fît	—	ferait
que nous	fassions	fissions	faisons	ferions
que vous	fassiez	fissiez	faites	feriez
qu' ils	fassent	fissent	—	feraient

part. prés.: faisant **part. passé:** ayant fait **inf. passé:** avoir fait

joindre *hinzufügen*

Indicatif

présent		imparfait	passé simple	futur
je	joins	joignais	joignis	joindrai
tu	joins	joignais	joignis	joindras
il	joint	joignait	joignit	joindra
nous	joignons	joignions	joignîmes	joindrons
vous	joignez	joigniez	joignîtes	joindrez
ils	joignent	joignaient	joignirent	joindront

Subjonctif présent		imparfait	Impératif	Conditionnel
que je	joigne	joignisse	—	joindrais
que tu	joignes	joignisses	joins	joindrais
qu' il	joigne	joignît	—	joindrait
que nous	joignions	joignissions	joignons	joindrions
que vous	joigniez	joignissiez	joignez	joindriez
qu' ils	joignent	joignissent	—	joindraient

part. prés.: joignant **part. passé:** ayant joint **inf. passé:** avoir joint

lire *lesen*

Indicatif

présent		imparfait	passé simple	futur
je	lis	lisais	lus	lirai
tu	lis	lisais	lus	liras
il	lit	lisait	lut	lira
nous	lisons	lisions	lûmes	lirons
vous	lisez	lisiez	lûtes	lirez
ils	lisent	lisaient	lurent	liront

Subjonctif présent		imparfait	Impératif	Conditionnel
que je	lise	lusse	—	lirais
que tu	lises	lusses	lis	lirais
qu' il	lise	lût	—	lirait
que nous	lisions	lussions	lisons	lirions
que vous	lisiez	lussiez	lisez	liriez
qu' ils	lisent	lussent	—	liraient

part. prés.: lisant **part. passé:** ayant lu **inf. passé:** avoir lu

mettre *stellen, legen*

Indicatif

présent		imparfait	passé simple	futur
je	mets	mettais	mis	mettrai
tu	mets	mettais	mis	mettras
il	met	mettait	mit	mettra
nous	mettons	mettions	mîmes	mettrons
vous	mettez	mettiez	mîtes	mettrez
ils	mettent	mettaient	mirent	mettront

Subjonctif / Impératif / Conditionnel

Subjonctif présent		Subjonctif imparfait	Impératif	Conditionnel
que je	mette	misse	—	mettrais
que tu	mettes	misses	mets	mettrais
qu' il	mette	mît	—	mettrait
que nous	mettions	missions	mettons	mettrions
que vous	mettiez	missiez	mettez	mettriez
qu' ils	mettent	missent	—	mettraient

part. prés.: mettant **part. passé:** ayant mis **inf. passé:** avoir mis

moudre *mahlen*

Indicatif

présent		imparfait	passé simple	futur
je	mouds	moulais	moulus	moudrai
tu	mouds	moulais	moulus	moudras
il	moud	moulait	moulut	moudra
nous	moulons	moulions	moulûmes	moudrons
vous	moulez	mouliez	moulûtes	moudrez
ils	moulent	moulaient	moulurent	moudront

Subjonctif / Impératif / Conditionnel

Subjonctif présent		Subjonctif imparfait	Impératif	Conditionnel
que je	moule	moulusse	—	moudrais
que tu	moules	moulusses	mouds	moudrais
qu' il	moule	moulût	—	moudrait
que nous	moulions	moulussions	moulons	moudrions
que vous	mouliez	moulussiez	moulez	moudriez
qu' ils	moulent	moulussent	—	moudraient

part. prés.: moulant **part. passé:** ayant moulu **inf. passé:** avoir moulu

naître *geboren werden*

Indicatif

présent		imparfait	passé simple	futur
je	nais	naissais	naquis	naîtrai
tu	nais	naissais	naquis	naîtras
il	naît	naissait	naquit	naîtra
nous	naissons	naissions	naquîmes	naîtrons
vous	naissez	naissiez	naquîtes	naîtrez
ils	naissent	naissaient	naquirent	naîtront

Subjonctif / Impératif / Conditionnel

Subjonctif présent		Subjonctif imparfait	Impératif	Conditionnel
que je	naisse	naquisse	—	naîtrais
que tu	naisses	naquisses	nais	naîtrais
qu' il	naisse	naquît	—	naîtrait
que nous	naissions	naquissions	naissons	naîtrions
que vous	naissiez	naquissiez	naissez	naîtriez
qu' ils	naissent	naquissent	—	naîtraient

part. prés.: naissant **part. passé:** étant né **inf. passé:** être né

paraître *erscheinen*

Indicatif

présent		imparfait	passé simple	futur
je	parais	paraissais	parus	paraîtrai
tu	parais	paraissais	parus	paraîtras
il	paraît	paraissait	parut	paraîtra
nous	paraissons	paraissions	parûmes	paraîtrons
vous	paraissez	paraissiez	parûtes	paraîtrez
ils	paraissent	paraissaient	parurent	paraîtront

Subjonctif / Impératif / Conditionnel

Subjonctif présent		Subjonctif imparfait	Impératif	Conditionnel
que je	paraisse	parusse	—	paraîtrais
que tu	paraisses	parusses	parais	paraîtrais
qu' il	paraisse	parût	—	paraîtrait
que nous	paraissions	parussions	paraissons	paraîtrions
que vous	paraissiez	parussiez	paraissez	paraîtriez
qu' ils	paraissent	parussent	—	paraîtraient

part. prés.: paraissant **part. passé:** ayant paru **inf. passé:** avoir paru

peindre *malen*

Indicatif

présent		imparfait	passé simple	futur
je	peins	peignais	peignis	peindrai
tu	peins	peignais	peignis	peindras
il	peint	paignait	peignit	peindra
nous	peignons	peignions	peignîmes	peindrons
vous	peignez	peigniez	peignîtes	peindrez
ils	peignent	peignaient	peignirent	peindront

Subjonctif / Impératif / Conditionnel

Subjonctif présent		Subjonctif imparfait	Impératif	Conditionnel
que je	peigne	peignisse	—	peindrais
que tu	peignes	peignisses	peins	peindrais
qu' il	peigne	peignît	—	peindrait
que nous	peignions	peignissions	peignons	peindrions
que vous	peigniez	peignissiez	peignez	peindriez
qu' ils	peignent	peignissent	—	peindraient

part. prés.: peignant **part. passé:** ayant peint **inf. passé:** avoir peint

plaire *gefallen*

Indicatif

présent		imparfait	passé simple	futur
je	plais	plaisais	plus	plairai
tu	plais	plaisais	plus	plairas
il	plaît	plaisait	plut	plaira
nous	plaisons	plaisions	plûmes	plairons
vous	plaisez	plaisiez	plûtes	plairez
ils	plaisent	plaisaient	plurent	plairont

Subjonctif / Impératif / Conditionnel

Subjonctif présent		Subjonctif imparfait	Impératif	Conditionnel
que je	plaise	plusse	—	plairais
que tu	plaises	plusses	plais	plairais
qu' il	plaise	plût	—	plairait
que nous	plaisions	plussions	plaisons	plairions
que vous	plaisiez	plussiez	plaisez	plairiez
qu' ils	plaisent	plussent	—	plairaient

part. prés.: plaisant **part. passé:** ayant plu **inf. passé:** avoir plu

prendre *nehmen*

Indicatif

présent		**imparfait**	**passé simple**	**futur**
je	prends	prenais	pris	prendrai
tu	prends	prenais	pris	prendras
il	prend	prenait	prit	prendra
nous	prenons	prenions	prîmes	prendrons
vous	prenez	preniez	prîtes	prendrez
ils	prennent	prenaient	prirent	prendront

Subjonctif / **Impératif** / **Conditionnel**

présent		**imparfait**	**Impératif**	**Conditionnel**
que je	prenne	prisse	—	prendrais
que tu	prennes	prisses	prends	prendrais
qu' il	prenne	prît	—	prendrait
que nous	prenions	prissions	prenons	prendrions
que vous	preniez	prissiez	prenez	prendriez
qu' ils	prennent	prissent	—	prendraient

part. prés.: prenant **part. passé:** ayant pris **inf. passé:** avoir pris

(se) repaître *(sich) weiden (an)*

Indicatif

présent		**imparfait**	**passé simple**	**futur**
je	repais	repaissais	repus	repaîtrai
tu	repais	repaissais	repus	repaîtras
il	repaît	repaissait	reput	repaîtra
nous	repaissons	repaissions	repûmes	repaîtrons
vous	repaissez	repaissiez	repûtes	repaîtrez
ils	repaissent	repaissaient	repurent	repaîtront

Subjonctif / **Impératif** / **Conditionnel**

présent		**imparfait**	**Impératif**	**Conditionnel**
que je	repaisse	repusse	—	repaîtrais
que tu	repaisses	repusses	repais	repaîtrais
qu' il	repaisse	repût	—	repaîtrait
que nous	repaissions	repussions	repaissons	repaîtrions
que vous	repaissiez	repussiez	repaissez	repaîtriez
qu' ils	repaissent	repussent	—	repaîtraient

part. prés.: (se) repaissant **part. passé:** s'étant/ayant repu
inf. passé: s'être/avoir repu

résoudre *beschließen*

Indicatif

présent		imparfait	passé simple	futur
je	résous	résolvais	résolus	résoudrai
tu	résous	résolvais	résolus	résoudras
il	résout	résolvait	résolut	résoudra
nous	résolvons	résolvions	résolûmes	résoudrons
vous	résolvez	résolviez	résolûtes	résoudrez
ils	résolvent	résolvaient	résolurent	résoudront

Subjonctif

présent		imparfait	Impératif	Conditionnel
que je	résolve	résolusse	—	résoudrais
que tu	résolves	résolusses	résous	résoudrais
qu' il	résolve	résolût	—	résoudrait
que nous	résolvions	résolussions	résolvons	résoudrions
que vous	résolviez	résolussiez	résolvez	résoudriez
qu' ils	résolvent	résolussent	—	résoudraient

part. prés.: résolvant **part. passé:** ayant résolu **inf. passé:** avoir résolu

rire *lachen*

Indicatif

présent		imparfait	passé simple	futur
je	ris	riais	ris	rirai
tu	ris	riais	ris	riras
il	rit	riait	rit	rira
nous	rions	riions	rîmes	rirons
vous	riez	riiez	rîtes	rirez
ils	rient	riaient	rirent	riront

Subjonctif

présent		imparfait	Impératif	Conditionnel
que je	rie	risse	—	rirais
que tu	ries	risses	ris	rirais
qu' il	rie	rît	—	rirait
que nous	riions	rissions	rions	ririons
que vous	riiez	rissiez	riez	ririez
qu' ils	rient	rissent	—	riraient

part. prés.: riant **part. passé:** ayant ri **inf. passé:** avoir ri

suivre *folgen*

Indicatif

présent		imparfait	passé simple	futur
je	suis	suivais	suivis	suivrai
tu	suis	suivais	suivis	suivras
il	suit	suivait	suivit	suivra
nous	suivons	suivions	suivîmes	suivrons
vous	suivez	suiviez	suivîtes	suivrez
ils	suivent	suivaient	suivirent	suivront

Subjonctif / Impératif / Conditionnel

présent		imparfait	Impératif	Conditionnel
que je	suive	suivisse	—	suivrais
que tu	suives	suivisses	suis	suivrais
qu' il	suive	suivît	—	suivrait
que nous	suivions	suivissions	suivons	suivrions
que vous	suiviez	suivissiez	suivez	suivriez
qu' ils	suivent	suivissent	—	suivraient

part. prés.: suivant **part. passé:** ayant suivi **inf. passé:** avoir suivi

traire *melken*

Indicatif

présent		imparfait	passé simple	futur
je	trais	trayais	—	trairai
tu	trais	trayais	—	trairas
il	trait	trayait	—	traira
nous	trayons	trayions	—	trairons
vous	trayez	trayiez	—	trairez
ils	traient	trayaient	—	trairont

Subjonctif / Impératif / Conditionnel

présent		imparfait	Impératif	Conditionnel
que je	traie	—	—	trairais
que tu	traies	—	trais	trairais
qu' il	traie	—	—	trairait
que nous	trayions	—	trayons	trairions
que vous	trayiez	—	trayez	trairiez
qu' ils	traient	—	—	trairaient

part. prés.: trayant **part. passé:** ayant trait **inf. passé:** avoir trait

vaincre *besiegen*

Indicatif

présent		imparfait	passé simple	futur
je	vaincs	vainquais	vainquis	vaincrai
tu	vaincs	vainquais	vainquis	vaincras
il	vainc	vainquait	vainquit	vaincra
nous	vainquons	vainquions	vainquîmes	vaincrons
vous	vainquez	vainquiez	vainquîtes	vaincrez
ils	vainquent	vainquaient	vainquirent	vaincront

Subjonctif

présent		imparfait	Impératif	Conditionnel
que je	vainque	vainquisse	—	vaincrais
que tu	vainques	vainquisses	vaincs	vaincrais
qu' il	vainque	vainquît	—	vaincrait
que nous	vainquions	vainquissions	vainquons	vaincrions
que vous	vainquiez	vainquissiez	vainquez	vaincriez
qu' ils	vainquent	vainquissent	—	vaincraient

part. prés.: vainquant **part. passé:** ayant vaincu **inf. passé:** avoir vaincu

vivre *leben*

Indicatif

présent		imparfait	passé simple	futur
je	vis	vivais	vécus	vivrai
tu	vis	vivais	vécus	vivras
il	vit	vivait	vécut	vivra
nous	vivons	vivions	vécûmes	vivrons
vous	vivez	viviez	vécûtes	vivrez
ils	vivent	vivaient	vécurent	vivront

Subjonctif

présent		imparfait	Impératif	Conditionnel
que je	vive	vécusse	—	vivrais
que tu	vives	vécusses	vis	vivrais
qu' il	vive	vécût	—	vivrait
que nous	vivions	vécussions	vivons	vivrions
que vous	viviez	vécussiez	vivez	vivriez
qu' ils	vivent	vécussent	—	vivraient

part. prés.: vivant **part. passé:** ayant vécu **inf. passé:** avoir vécu

bruire ***rauschen*** – **ind. prés.** il bruit, ils bruissent – **ind. imparf.** il bruissait, ils bruissaient – **part. prés** bruissant

choir ***fallen*** – **ind. prés.** je chois, tu chois, il choit, ils choient – **subj. imparf.** qu'il chût – **passé simple** je chus, il chut, ils churent – **fut., cond., part. passé** s. déchoir

clore ***schließen*** – **ind. prés.** je clos, tu clos, il clôt, ils closent – **subj. prés.** que je close, tu closes, il close, nous closions, vous closiez, ils closent – **fut., cond.** s. conclure – **impér.** clos – **part. passé** clos

échoir ***fällig sein*** – **ind. prés.** il échoit, ils échoient – **subj. imparf.** qu'il échût – **passé simple** il échut, ils échurent – **fut.** il échoira, ils échoiront – **cond.** il échoirait, ils échoiraient – **part. prés.** échéant – **part. passé** échu

éclore ***aufblühen*** s. **clore** – jedoch nur **3. pers. sing. u. plur.**

enclore ***umzäumen*** s. **clore** – außerdem: **ind. prés.** nous enclosons, vous enclosez – **ind. imparf.** j'enclosais, tu enclosais, il enclosait, nous enclosions, vous enclosiez, ils enclosaient – **impér.** enclosons, enclosez

faillir ***(ver)fehlen*** s. **assaillir** – jedoch nur **passé simple, fut., cond., part. prés., part. passé**

frire ***braten*** s. **confire** – jedoch nur **ind. prés. 1. 2. 3. pers. sing., fut., cond., impér. 2. pers. sing., part. passé**

gésir ***liegen*** – **ind. prés.** je gis, tu gis, il gît, nous gisons, vous gisez, ils gisent – **ind. imparf.** je gisais, tu gisais, il gisait, nous gisions, vous gisiez, ils gisaient – **part. prés.** gisant

messeoir ***unpassend sein*** s. seoir[2] – **part. prés.** messéant

ouïr ***hören*** – **subj. imparf.** que j'ouïsse, tu ouïsses, il ouït, nous ouïssions, vous ouïssiez, ils ouïssent – **passé simple** j'ouïs, tu ouïs, il ouït, nous ouïmes, vous ouïtes, ils ouïrent – **part. passé** ouï

paître ***weiden*** s. **(se) repaître** – jedoch nur **ind. prés., subj. prés., ind. imparf., fut., cond., impér., part. prés.**

saillir[2] ***hervorragen*** s. **cueillir** – jedoch nur **3. pers. sing. u. plur.**

seoir[1] ***seinen Sitz haben*** – **part. prés.** séant, **part. passé** sis

seoir[2] ***gut kleiden*** – **ind. prés.** il sied, ils siéent – **subj. prés.** qu'il siée, ils siéent – **ind. imparf.** il seyait, ils seyaient – **fut.** il siéra, ils siéront – **cond.** il siérait, ils siéraient – **part. prés.** seyant (séant)

Die Bildung der zusammengesetzten Zeiten

(temps composés) mit être

Indicatif

passé composé ich bin angekommen, usw.

je suis arrivé(e)	**nous sommes arrivé(e)s**
tu es ...	**vous êtes ...**
il (elle) est ...	**ils (elles) sont ...**

plus-que-parfait ich war angekommen, usw.

j'étais arrivé(e)	**nous étions arrivé(e)s**
tu étais ...	**vous étiez ...**
il (elle) était ...	**ils (elles) étaient ...**

passé antérieur ich war angekommen, usw.

je fus arrivé(e)	**nous fûmes arrivé(e)s**
tu fus ...	**vous fûtes ...**
il (elle) fut ...	**ils (elles) furent ...**

futur antérieur ich werde angekommen sein, usw.

je serai arrivé(e)	**nous serons arrivé(e)s**
tu seras ...	**vous serez ...**
il (elle) sera ...	**ils (elles) seront ...**

conditionnel passé ich würde angekommen sein, usw.

je serais arrivé(e)	**nous serions arrivé(e)s**
tu serais ...	**vous seriez ...**
il (elle) serait ...	**ils (elles) seraient ...**

infinitif passé angekommen sein

être arrivé(e)	**être arrivé(e)s**

participe passé da/nachdem er (sie) angekommen sind, usw.
(wörtl. angekommen seiend)

étant arrivé(e)	**étant arrivé(e)s**

Subjonctif

passé ich sei angekommen, usw.

que je sois arrivé(e)	**que nous soyons arrivé(e)s**
que tu sois ...	**que vous soyez ...**
qu'il (elle) soit ...	**qu'ils (elles) soient ...**

plus-que-parfait ich wäre angekommen, usw.

que je fusse arrivé(e)	**que nous fussions arrivé(e)s**
que tu fusses ...	**que vous fussiez ...**
qu'il (elle) fût ...	**qu'ils (elles) fussent ...**

Das reflexive Verb

temps simples

Indicatif

présent ich wasche mich, usw.

je me lave	nous nous lavons
tu te laves	vous vous lavez
il (elle) se lave	ils (elles) se lavent

imparfait ich wusch mich, usw.

je me lavais	nous nous lavions
tu te lavais	vous vous laviez
il (elle) se lavait	ils (elles) se lavaient

passé simple ich wusch mich, usw.

je me lavai	nous nous lavâmes
tu te lavas	vous vous lavâtes
il (elle) se lava	ils (elles) se lavèrent

futur ich werde mich waschen, usw.

je me laverai	nous nous laverons
tu te laveras	vous vous laverez
il (elle) se lavera	ils (elles) se laveront

conditionnel ich würde mich waschen, usw.

je me laverais	nous nous laverions
tu te laverais	vous vous laveriez
il (elle) se laverait	ils (elles) se laveraient

infinitif présent sich waschen

se laver

participe présent sich waschend

se lavant

Subjonctif

présent ich wasche mich, usw.

que je me lave	que nous nous lavions
que tu te laves	que vous vous laviez
qu'il (elle) se lave	qu'ils (elles) se lavent

imparfait ich wüsche mich, usw.

que je me lavasse	que nous nous lavassions
que tu te lavasses	que vous vous lavassiez
qu'il (elle) se lavât	qu'ils (elles) se lavassent

Impératif wasch dich!

—	lavons-nous!
lave-toi!	lavez-vous!
—	—

temps composés

Indicatif

passé composé ich habe mich gewaschen, usw.

je me suis lavé(e)
tu t'es ...
il (elle) s'est ...

nous nous sommes lavé(e)s
vous vous êtes ...
ils (elles) se sont ...

plus-que-parfait ich hatte mich gewaschen, usw.

je m'étais lavé(e)
tu t'étais ...
il (elle) s'était ...

nous nous étions lavé(e)s
vous vous étiez ...
ils (elles) s'étaient ...

passé antérieur ich hatte mich gewaschen, usw.

je me fus lavé(e)
tu te fus ...
il (elle) se fut ...

nous nous fûmes lavé(e)s
vous vous fûtes ...
ils (elles) se furent ...

futur antérieur ich werde mich gewaschen haben, usw.

je me serai lavé(e)
tu te seras ...
il (elle) se sera ...

nous nous serons lavé(e)s
vous vous serez ...
ils (elles) se seront ...

conditionnel passé ich würde mich gewaschen haben, usw.

je me serais lavé(e)
tu te serais ...
il (elle) se serait ...

nous nous serions lavé(e)s
vous vous seriez ...
ils (elles) se seraient ...

infinitif passé sich gewaschen haben

s'être lavé(e)

s'être lavé(e)s

participe passé da/nachdem er (sie) sich gewaschen hatte(n), usw.
(wörtl. sich gewaschen habend)

s'étant lavé(e)

s'étant lavé(e)s

Subjonctif

passé ich habe mich gewaschen, usw.

que je me sois lavé(e)	**que nous nous soyons lavé(e)s**
que tu te sois ...	**que vous vous soyez ...**
qu'il (elle) se soit ...	**qu'ils (elles) se soient ...**

plus-que-parfait ich hätte mich gewaschen, usw.

que je me fusse lavé(e)	**que nous nous fussions lavé(e)s**
que tu te fusses ...	**que vous vous fussiez ...**
qu'il (elle) se fût ...	**qu'ils (elles) se fussent ...**

Das Passiv

Indicatif

présent ich werde eingeladen, usw.

je suis invité(e)	nous sommes invité(e)s
tu es ...	vous êtes ...
il (elle) est ...	ils (elles) sont ...

imparfait ich war eingeladen, usw.

j'étais invité(e)	nous étions invité(e)s
tu étais ...	vous étiez ...
il (elle) était ...	ils (elles) étaient ...

passé simple ich wurde eingeladen, usw.

je fus invité(e)	nous fûmes invité(e)s
tu fus ...	vous fûtes ...
il (elle) fut ...	ils (elles) furent ...

passé composé ich bin eingeladen worden, usw.

j'ai été invité(e)	nous avons été invité(e)s
tu as été ...	vous avez été ...
il (elle) a été ...	ils (elles) ont été ...

plus-que-parfait ich war eingeladen worden, usw.

j'avais été invité(e)	nous avions été invité(e)s
tu avais été ...	vous aviez été ...
il (elle) avait été ...	ils (elles) avaient été ...

passé antérieur ich war eingeladen worden, usw.

j'eus été invité(e)	nous eûmes été invité(e)s
tu eus été ...	vous eûtes été ...
il (elle) eut été ...	ils (elles) eurent été ...

futur ich werde eingeladen werden, usw.

je serai invité(e)	nous serons invité(e)s
tu seras ...	vous serez ...
il (elle) sera ...	ils (elles) seront ...

futur antérieur ich werde eingeladen worden sein, usw.

j'aurai été invité(e)	**nous aurons été invité(e)s**
tu auras été ...	**vous aurez été ...**
il (elle) aura été ...	**ils (elles) auront été ...**

conditionnel ich würde eingeladen werden, usw.

je serais invité(e)	**nous serions invité(e)s**
tu serais ...	**vous seriez ...**
il (elle) serait ...	**ils (elles) seraient ...**

conditionnel passé ich würde eingeladen worden sein, usw.

j'aurais été invité(e)	**nous aurions été invité(e)s**
tu aurais été ...	**vous auriez été ...**
il (elle) aurait été ...	**ils (elles) auraient été ...**

infinitif présent eingeladen werden

être invité(e)	**être invité(e)s**

infinitif passé eingeladen worden sein, usw.

avoir été invité(e)	**avoir été invité(e)s**

participe présent da/nachdem er (sie) eingeladen war(en), usw. (wörtl. eingeladen seiend)

étant invité(e)	**étant invité(e)s**

participe passé da/nachdem er (sie) eingeladen worden war(en) (wörtl. eingeladen worden seiend)

ayant été invité(e)	**ayant été invité(e)s**

Subjonctif

présent ich sei eingeladen, usw.

que je sois invité(e)	**que nous soyons invité(e)s**
que tu sois ...	**que vous soyez ...**
qu'il (elle) soit ...	**qu'ils (elles) soient ...**

imparfait ich wäre eingeladen, usw.

que je fusse invité(e)	**que nous fussions invité(e)s**
que tu fusses ...	**que vous fussiez ...**
qu'il (elle) fût ...	**qu'ils (elles) fussent ...**

passé composé ich sei eingeladen worden, usw.

que j'aie été invité(e)	**que nous ayons été invité(e)s**
que tu aies été ...	**que vous ayez été ...**
qu'il (elle) ait été ...	**qu'ils (elles) aient été ...**

plus-que-parfait ich wäre eingeladen worden, usw.

que j'eusse été invité(e)	**que nous eussions été invité(e)s**
que tu eusses été ...	**que vous eussiez été ...**
qu'il (elle) eût été ...	**qu'ils (elles) eussent été ...**

Rektion der französischen Verben

q. = **quelqu'un** jemand – qch. = **quelque chose** etwas

Eine Reihe von Verben regiert im Französischen einen anderen Fall als im Deutschen. So steht abweichend vom Deutschen

der Genitiv u. a. nach folgenden Verben:

s'acquitter de qch.	sich freimachen von
s'agir de qch.	sich handeln um, handeln von
s'apercevoir de qch.	etwas bemerken
s'approcher de q. (qch.)	sich j-m (einer Sache) nähern
avoir besoin de qch.	etwas nötig haben
désespérer de qch.	verzweifeln an
se douter de qch.	etwas ahnen, vermuten
s'étonner de qch.	sich wundern über
féliciter q. de qch.	j-n zu etwas beglückwünschen
jouir de qch.	etwas genießen
se méfier de qch.	sich hüten vor
se méfier de q.	j-m misstrauen
se moquer de q. (qch.)	spotten über
s'occuper de qch.	sich beschäftigen mit
se passer de qch.	etwas entbehren
se plaindre de q.	sich beklagen über
profiter de qch.	etwas (aus)nutzen
remercier q. de qch.	j-m für etwas danken
se repentir de qch.	etwas bereuen
rire de q. (qch.)	über j-n (etwas) lachen
se soucier de qch.	sich (be)kümmern um

der Dativ u. a. nach folgenden Verben:

s'attendre à qch.	sich auf etwas gefasst machen
demander à q.	j-n fragen, bitten
enseigner qch. à q.	j-n etwas lehren
s'intéresser à q. (qch.)	sich für j-n (etwas) interessieren
parler à q.	j-n sprechen
réfléchir à qch.	nachdenken über
répondre à qch.	antworten auf
survivre à q.	j-n überleben

der Akkusativ u. a. nach folgenden Verben:

affronter q.	j-m Trotz bieten
aider q.	j-m helfen
assister q.	j-m helfen
seconder q.	j-m helfen
secourir q.	j-m helfen
applaudir q.	j-m Beifall spenden
conseiller q.	j-m raten
contredire q.	j-m widersprechen
craindre q. (qch.)	sich vor j-m (einer Sache) fürchten
croire q.	j-m glauben
écouter q.	j-m zuhören
féliciter q. de qch.	j-n zu etwas beglückwünschen
flatter q.	j-m schmeicheln
fuir q. (qch.)	vor j-m (einer Sache) fliehen
menacer q.	j-m drohen
précéder q.	j-m vorangehen
se rappeler q. (qch.)	sich an j-n (etwas) erinnern
remercier q. de qch.	j-m für etwas danken
rencontrer q.	j-m begegnen
servir q.	j-m dienen
suivre q.	j-m folgen

Alphabetische Liste der wichtigsten Verben und unregelmäßigen Verbformen mit deutscher Übersetzung

1. Die hinter dem Verb stehende Zahl bezieht sich auf die Seite.
   Das Dreieck bei der Zahl gibt an, ob das zugehörige Paradigma auf der oberen (▲) oder unteren (▼) Seitenhälfte dargestellt wird.
2. Bei den unregelmäßigen Verbformen wird auf den zugehörigen Infinitiv verwiesen.
3. Reflexive Verben werden stets mit **être** verbunden und erhalten keinen Hinweis auf ihr Hilfszeitwort.
4. Abkürzungen: (*aux. = auxiliaire, fam. = familier, fig. = figuratif, lit. = littéraire, s. = siehe*).

A

abattre 32 ▲ niederschlagen, töten, (Tier) schlachten
s'abattre 32 ▲ abstürzen, einstürzen
abolir 14 abschaffen, (Gesetz) außer Kraft setzen
beseitigen
aboutir 14 führen zu, münden in, grenzen an
aboyer 10 ▼ bellen, anbellen
fam. schreien, zetern
(Magen) knurren
abréger 8 ▲ abkürzen, verkürzen
abrutir 14 abstumpfen, verblöden, verdummen
s'abrutir 14 stumpfsinnig werden
absoudre 31 ▲ freisprechen, die Absolution erteilen
absoudre 31 ▲ verzeihen, vergeben
absous, absoute *s.* **absoudre**
s'abstenir 21 ▲ sich enthalten
abstins, -t *s.* **s'abstenir**
abstraire 44 ▼ abstrahieren, begrifflich erfassen
s'abstraire 44 ▼ vertieft sein
s'abstraire de qch. 44 ▼ sich geistig von etwas lösen
accéder 10 ▲ Zugang haben zu, gelangen zu
(Vertrag) beitreten
(Bedingung) zustimmen, (Bitte) gewähren
accélerer 10 ▲ beschleunigen, (Motor) Gas geben
s'accélerer 10 ▲ schneller werden
accomplir 14 vollenden, ausführen
(Aufgabe) erfüllen, (Versprechen) halten
s'accomplir 14 in Erfüllung gehen, eintreffen
accourir 16 ▼ herbeieilen, (Menge) zusammenströmen
(*aux.:* **être/avoir**)
accroître 31 ▼ vermehren, erweitern
s'accroître 31 ▼ zunehmen, sich vermehren, größer werden
accru, -s, -t *s.* **s'accroître**
accueillir 17 ▼ aufnehmen, empfangen
acheter 8 ▼ kaufen, abkaufen, ankaufen, einkaufen
achever 13 ▼ vollenden
s'achever 13 ▼ zu Ende gehen, ablaufen
acquérir 15 ▲ erwerben
s'acquérir 15 ▲ sich verschaffen
acquis, -t *s.* **acquérir**
adhérer 10 ▲ haften an, (fest)kleben
beitreten, sich anschließen
adjoindre 38 ▲ hinzufügen
s'adjoindre 38 ▲ sich hinzugesellen

admettre 39 ▲ aufnehmen, zulassen, (Meinung) gelten lassen zugeben, gestehen

admis, -t *s.* **admettre**

adoucir 14 versüßen *fig.* mildern, beruhigen

advenir 21 ▲ geschehen, sich ereignen (*aux.:* **être**)

advint *s.* **advenir**

aérer 10 ▲ aus-, durchlüften, ventilieren

affaiblir 14 schwächen, erschöpfen (Gefühl) abstumpfen

affermir 14 befestigen

affranchir 14 (Sklaven) freilassen, (Land) befreien (Brief) frankieren

agacer 12 ▼ ärgern, belästigen, necken, provozieren

agglomérer 10 ▲ anhäufen, ballen

agir 14 handeln, tätig sein

il s'agit de es handelt sich um

agrandir 14 vergrößern

agréer 7 genehmigen, zustimmen, gutheißen

agréger 8 ▲ anhäufen (Gesellschaft) aufnehmen

aigrir 14 sauer werden, sauer werden lassen *fig.* verbittern

aimer 7 lieben, gern haben

aller 9 ▲ gehen, fahren, (Straße) führen (*aux.:* **être**)

s'en aller 9 ▲ weggehen, fortgehen, wegreisen

allier 7 vereinigen

s'allier 7 sich verbinden

allonger 12 ▲ verlängern, länger werden

s'allonger 12 ▲ sich ausstrecken

alourdir 14 schwer(fällig) machen

s'alourdir 14 schwer(fällig) werden

altérer 10 ▲ entstellen, beeinträchtigen verändern, verfälschen

s'altérer 10 ▲ sich verändern

alunir 14 auf dem Mond landen

amaigrir 14 dünner machen, mager machen

s'amaigrir 14 abmagern, abnehmen

aménager 12 ▲ anordnen, einrichten (Haus) ausbauen, (Raum) möblieren

amener 13 ▼ befördern, herbringen, mitbringen *fig.* zur Folge haben

amnistier 7 begnadigen

amoindrir 14 schmälern, reduzieren, vermindern, verringern

amortir 14 abschwächen, amortisieren, dämpfen, drosseln

anéantir 14 vernichten

anesthésier 7 betäuben, eine Narkose verabreichen

annoncer 12 ▼ bekannt machen

s'annoncer 12 ▼ sich ankündigen

apercevoir 22 bemerken, feststellen, wahrnehmen

s'apercevoir de qch. 22 etwas feststellen, merken

aperçu, -s, -t *s.* **apercevoir**

apitoyer 10 ▼ Mitleid erregen

s'apitoyer sur q. 10 ▼ j-n bemitleiden

aplanir 14 einebnen *fig.* schlichten

apparaître 40 ▼ erscheinen, auftreten, zu Tage treten (*aux.:* **être**)

apparu, -s, -t *s.* **apparaître**

appartenir 21 ▲ gehören zu, zustehen

appartins, -t *s.* **appartenir**

appauvrir 14 arm machen

s'appauvrir 14 verarmen

appeler 9 ▼ rufen, anrufen, nennen, appellieren

s'appeler 9 ▼ heißen, sich nennen

applaudir 14 Beifall klatschen, applaudieren

apprécier 7 (wert)schätzen

apprendre 42 ▲ erfahren, lehren

apprendre à 42 ▲ lernen zu

appris, -t *s.* **apprendre**
approfondir 14 vertiefen, ergründen
appuyer 10 ▼ aufdrücken, niederdrücken
betonen, (unter)stützen
arranger 12 ▲ (an)ordnen, einrichten, arrangieren
arriver 7 ankommen, eintreffen (*aux.:* **être**)
arriver à 7 gelingen
il arrive es kommt vor, es passiert
assaillir 15 ▼ angreifen, überfallen
asseoir 23 ▲ (nieder)setzen, legen
s'asseoir 23 ▲ sich setzen
assis, -t *s.* **s'asseoir**
asservir 14 unterdrücken
s'asservir 14 sich unterwerfen
assiéger 8 ▲ belagern
associer 7 zugesellen
fig. verbinden, vereinigen
s'associer 7 sich anschließen, sich beteiligen an
Anteil nehmen an
assortir 14 (passend) zusammenstellen
aufeinander abstimmen
s'assortir à 14 zueinander passen, zusammenpassen
assoupir 14 einschläfern
fig. lindern, beruhigen
astreindre 41 ▲ nötigen
s'astreindre 41 ▲ sich zwingen
atteindre 41 ▲ erreichen, treffen, (Krankheit) befallen
atteler 9 ▼ (Wagen) anspannen
s'atteler à qch. 9 ▼ sich an etwas machen
attendre 30 warten, erwarten
s'attendre à qch. 30 sich auf etwas gefasst machen
attendrir 14 weich machen, mürbe machen
s'attendrir 14 weich werden
atterrir 14 landen
autofinancer 12 ▼ selbst finanzieren
avancer 12 ▼ vorankommen, vorantreiben
(Uhr) vorgehen
(Geld) vorstrecken
s'avancer 12 ▼ vorrücken, sich vorwagen
avérer 10 ▲ als wahr herausstellen
s'avérer 10 ▲ sich als wahr erweisen
avertir 14 warnen, benachrichtigen, unterrichten
avoir 5 haben, besitzen
avoir à 5 müssen
eu, -s, -t *s.* **avoir**

B

balancer 12 ▼ schwanken, balancieren, ausgleichen
balayer 13 ▲ kehren
bannir 14 (ver)bannen
bâtir 14 bauen
battre 32 ▲ schlagen, (Herz) pochen
se battre 32 ▲ kämpfen, sich schlagen
becqueter 11 ▼ (auf)picken
begayer 13 ▲ stottern, stammeln
bénir 14 segnen, weihen, einweihen
blanchir 14 weiß werden, weiß machen, tünchen, reinigen
blêmir 14 erblassen
boire 32 ▼ trinken
bu, -s, -t *s.* **boire**
bondir 14 (Ball) hüpfen, aufspringen
bouger 12 ▲ sich bewegen, von der Stelle rücken
se bouger 12 ▲ sich rühren
bouillir 16 ▲ kochen, sieden
bous, -t *s.* **bouillir**
breveter 11 ▼ patentieren
bruire 46 dämpfen

C

cacheter 11 ▼ (ver)siegeln
camper 7 lagern, zelten, kampieren

caqueter 11 ▼ gackern, schnattern
carreler 9 ▼ mit Fliesen auslegen
céder 10 ▲ nachgeben, weichen, überlassen
ceindre 41 ▲ umgürten, umschnallen
ceindre qch. de 41 ▲ etwas umgeben mit
célebrer 10 ▲ feiern, zelebrieren rühmen, preisen
celer 13 ▼ verhehlen, verheimlichen
certifier 7 bescheinigen, beglaubigen
chanceler 9 ▼ wanken, schwanken
changer 12 ▲ sich ändern, verändern
(*aux.*: **être/avoir**) austauschen, eintauschen, umtauschen
changer de qch. 12 ▲ etwas wechseln
se changer 12 ▲ sich umziehen
charger de 12 ▲ beladen mit, belasten mit
charger q. de qch. 12 ▲ j-n mit etwas beauftragen
chatoyer 10 ▼ schillern, schimmern
chérir 14 (zärtlich) lieben
choir 46 *lit.* fallen
chu, -s, -t *s.* **choir**
laisser choir 46 fallen lassen, im Stich lassen
choisir 14 wählen, aussuchen
chorégraphier 7 choreographieren
circoncire 34 ▲ (Ritus) beschneiden
(*part. passé* **circoncis**)
circonscrire 37 ▲ umgrenzen, beschränken
circonvenir 21 ▲ überlisten, hintergehen
circonvins, -t *s.* **circonvenir**
ciseler 13 ▼ ziselieren
cliqueter 11 ▼ klirren, klappern
clore 46 *lit.* schließen, beenden
cogérer 10 ▲ mitverwalten
coincer 12 ▼ verkeilen
se coincer 12 ▼ sich verklemmen
combattre 32 ▲ kämpfen, bekämpfen
commencer 12 ▼ anfangen, beginnen
commencer par faire qch. 12 ▼ zunächst etwas tun
commercer 12 ▼ Handel treiben
commettre 39 ▲ (Verbrechen) begehen
commis, -t *s.* **commettre**
complaire à q. 41 ▼ gefällig sein
complu, -s, -t *s.* **complaire**
compléter 10 ▲ ergänzen, vervollständigen
comprendre 42 ▲ verstehen
compris, -t *s.* **comprendre**
compromettre 39 ▲ bloßstellen, kompromittieren
concéder 10 ▲ zugestehen
concevoir 22 begreifen, verstehen, ausdenken, entwerfen
conçu, -s, -t *s.* **concevoir**
conclure 33 ▲ (Vertrag) (ab)schließen, zu Ende bringen
condescendre 30 sich herablassen
conduire 33 ▼ fahren, führen, lenken
conférer 10 ▲ beraten, verhandeln
confier 7 anvertrauen
confire 34 ▲ einkochen, einmachen
confondre 30 verwechseln, vermischen, verwirren
congeler 13 ▼ einfrieren
conjoindre 38 ▲ *lit.* verbinden
conjuguer 7 konjugieren
connaître 40 ▲ kennen, wissen, kennen lernen
verstehen, anerkennen
connu, -s, -t *s.* **connaître**
conquérir 15 ▲ erobern
conquis, -t *s.* **conquérir**
consentir 20 ▲ zustimmen, einwilligen

considérer 10 ▲ betrachten, bedenken, beachten
in Erwägung ziehen
construire 33 ▼ konstruieren, errichten, (auf)bauen
contenir 21 ▲ enthalten, (um)fassen
contins, -t *s.* **contenir**
contraindre 35 ▲ zwingen
contrebalancer 12 ▼ die Waage halten, ein Gegengewicht bilden
contredire 36 ▼ widersprechen, widerlegen
(*ind. prés.* **vous contredisez**)
contrefaire 37 ▼ nachahmen, (Stimme) verstellen
contrefis, -t *s.* **contrefaire**
contrevenir 21 ▲ zuwiderhandeln, übertreten
contrevins, -t *s.* **contrevenir**
convaincre 45 ▲ überzeugen
convenir à 21 ▲ entsprechen, zusagen
convenir de qch. 21 ▲ etwas vereinbaren, beschließen
convins, -t *s.* **convenir**
converger 12 ▲ zusammenlaufen, konvergieren
convertir 14 bekehren, umwandeln, umtauschen
convier 7 einladen
fig. verlocken, reizen
convoyer 10 ▼ begleiten, eskortieren
coopérer à 10 ▲ mitarbeiten, mithelfen, kooperieren, beitragen zu
copier 7 abschreiben, nachbilden, kopieren
correspondre 30 entsprechen, übereinstimmen
corriger 12 ▲ verbessern, richtig stellen, korrigieren
corrompre 30 verderben, verschlechtern
(*ind. prés.* **il corrompt**)
côtoyer 10 ▼ entlanggehen, entlangfahren
coudoyer 10 ▼ (mit dem Ellenbogen) anstoßen
Seite an Seite gehen
coudre 34 ▼ nähen
cousis, -t, cousu *s.* **coudre**
courir 16 ▼ laufen, rennen, verfolgen
couvrir 17 ▲ bedecken, bekleiden, überziehen
craindre 35 ▲ (be)fürchten, sich fürchten vor
craqueter 11 ▼ knacken, knarren, knistern
créer 7 (er)schaffen, entwerfen
crever 13 ▼ platzen
fam. krepieren, verrecken
crier 7 schreien, rufen
crocheter 8 ▼ mit einem Dietrich öffnen
an einem Haken aufhängen
croire 35 ▼ glauben, meinen
cru, -s, -t *s.* **croire**
croître 36 ▲ wachsen, sich entwickeln
crû, -s, -t *s.* **croître**
cueillir 17 ▼ pflücken, ernten, (ein)sammeln
cuire 33 ▼ kochen, braten
cuveler 9 ▼ verschalen, auskleiden

D

débarquer 7 landen, an Land bringen, ausladen
débattre 32 ▲ debattieren, diskutieren
déborder 7 über die Ufer treten, überlaufen
(*aux.:* **être/avoir**) über die Grenzen treten
débrayer 13 ▲ auskuppeln, entkuppeln
décacheter 11 ▼ entsiegeln
décalcifier 7 entkalken
se décalcifier 7 Kalziummangel haben
décéder 10 ▲ (ver)sterben, verscheiden
(*aux.:* **être**)
déceler 13 ▼ entdecken, enthüllen
décevoir 22 enttäuschen

déçu, -s, -t *s.* **decevoir**
décharger 12 ▲ abladen, ausladen, entlasten
se décharger de qch. 12 ▲ sich von etwas freimachen
déchoir 23 ▼ verfallen (*aux.:* **être/avoir**)
déchu, -s, -t *s.* **déchoir**
déclore 46 (Zaun, Mauer) entfernen
déclos *s.* **déclore**
déconfire 34 ▲ verblüffen
découdre 34 ▼ auftrennen
décousis, -t, décousu *s.* **découdre**
découvrir 17 ▲ entdecken, aufdecken, abdecken enthüllen
décréter 10 ▲ beschließen, verordnen, verfügen
décrire 37 ▲ beschreiben, darstellen, schildern
décroître 31 ▼ abnehmen, kürzer werden
décru, -s, -t *s.* **décroître**
dédire 36 ▼ verleugnen, widersprechen (*ind. prés.* **vous dédisez**)
dédommager 12 ▲ entschädigen, Schadenersatz leisten
déduire 33 ▼ ableiten, folgern, abziehen
défaillir 15 ▼ in Ohnmacht fallen, ohnmächtig werden
défaire 37 ▼ abmachen, aufmachen, auspacken
se défaire 37 ▼ sich auflösen
défis, -t *s.* **se défaire**
défendre 30 verteidigen, beschützen untersagen, verbieten
se défendre 30 sich verteidigen, sich tapfer schlagen
déférer 10 ▲ zuerkennen, verleihen
déficeler 9 ▼ aufschnüren
définir 14 definieren
dégeler 13 ▼ (auf)tauen
dégénerer 10 ▲ entarten, degenerieren
déglacer 12 ▼ vom Eis befreien
déléguer 10 ▲ delegieren, übertragen
délibérer 10 ▲ beraten, überlegen
démanteler 13 ▼ (Festung) abtragen, zerstören (Drogenring) ausheben
déménager 12 ▲ ausziehen, umziehen
démentir 20 ▲ leugnen, dementieren
démettre 39 ▲ ausrenken, verrenken
démis, -t *s.* **démettre**
demeurer 7 (*aux.:* **être**) bleiben, übrig bleiben, zurückbleiben
demeurer 7 (*aux.:* **avoir**) wohnen, sich aufhalten
démolir 14 zerstören, einreißen, niederreißen
démordre 30 aufgeben, verzichten
dénazifier 7 entnazifizieren
dénoncer 12 ▼ anzeigen, anprangern verraten, denunzieren
départir 20 ▲ austeilen, verteilen zuweisen
dépeindre 41 ▲ darstellen, schildern
dépendre 30 abhängen
ça dépend 30 das kommt darauf an
déplacer 12 ▼ umstellen, verrücken, versetzen
déplaire 41 ▼ missfallen
déplu, -s, -t *s.* **déplaire**
déployer 10 ▼ ausbreiten, entfalten
déposséder 10 ▲ enteignen
dépourvoir 26 ▲ entblößen, wegnehmen
se déprendre de qch. 42 ▲ sich von etwas losmachen, freimachen
dépris, -t *s.* **se déprendre**
déranger 12 ▲ stören, in Unordnung bringen
dérégler 10 ▲ in Unordnung bringen, stören

désaltérer 10 ▲ den Durst löschen, zu trinken geben
désapprendre 42 ▲ verlernen
désappris, -t *s.* **désapprendre**
descendre 30 hinunter-, heruntergehen, -fahren
(*aux.:* **être/avoir**) fallen, bergab gehen, fließen
aussteigen
descendre chez q. 30 bei j-m einkehren
déséspérer 10 ▲ verzweifeln, die Hoffnung aufgeben, enttäuschen
désintégrer 10 ▲ spalten, zersetzen, nicht integrieren
désobéir 14 nicht gehorchen, den Gehorsam verweigern
desservir 20 ▼ (Tisch) abdecken
die Verkehrsverbindungen herstellen
regelmäßig befahren, anfahren, anlaufen
déteindre 41 ▲ entfärben
détendre 30 entspannen
se détendre 30 sich erholen
détenir 21 ▲ zurückhalten, festhalten
gefangen halten
détins, -t *s.* **détenir**
détordre 30 auf-, auseinanderdrehen
détruire 33 ▼ zerstören, vernichten, zugrunde richten
devancer 12 ▼ j-m/einer Sache zuvorkommen
vorangehen, übertreffen
devenir 21 ▲ werden
(*aux.:* **être**)
devins, -t *s.* **devenir**
dévêtir 21 ▼ entkleiden, ausziehen
dévisager 12 ▲ scharf ansehen, anstarren
devoir 24 ▲ sollen, müssen
schuldig sein, schulden, verdanken, zu verdanken haben
dû, dus, -t *s.* **devoir**
différer 10 ▲ abweichen
digérer 10 ▲ verdauen
fig. verarbeiten, verkraften
diminuer 7 abnehmen, kleiner werden, vermindern, kürzen
(*aux.:* **être/avoir**)
dire 36 ▼ sagen, sprechen, reden
mitteilen, vortragen
befehlen, bedeuten
diriger 12 ▲ führen, leiten, steuern
disconvenir 21 ▲ nicht passen, nicht zusagen
(*aux.:* **avoir**)
disconvenir de qch. etwas bestreiten, leugnen
(*aux.:* **être**)
disconvins, -t *s.* **disconvenir**
discourir 16 ▼ sich auslassen
disjoindre 38 ▲ auseinandernehmen, trennen, lockern
disparaître 40 ▼ verschwinden, sterben
(*aux.:* **être/avoir**)
disparu, -s, -t *s.* **disparaître**
dissoudre 31 ▲ auflösen, zersetzen
dissous, dissoute
distinguer 7 unterscheiden, erkennen, auszeichnen
se distinguer 7 sich hervortun
distraire 44 ▼ trennen, wegnehmen, beiseite schaffen
unterschlagen, veruntreuen
diverger 12 ▲ abweichen, divergieren
divertir 14 ablenken, zerstreuen, unterhalten
divorcer (d') avec q. 12 ▼ sich von j-m scheiden lassen
donner 7 geben, schenken
donner sur 7 führen auf, zu
dormir 18 ▲ schlafen, ruhen
droguer 7 mit Arzneien überfüttern
süchtig machen

E

ébahir 14 in Erstaunen versetzen, verblüffen
s'ébattre 32 ▲ sich herumtummeln
éblouir 14 blenden, betören, verführen

écarteler 13 ▼ vierteilen
fig. teilen, hin und her reißen
échanger 12 ▲ austauschen, umtauschen, vertauschen, auswechseln
échapper 7 entkommen, entschlüpfen
(*aux.:* **être/avoir**) (Geduld) ausgehen
(Fehler) entgehen
échoir 46 anheim fallen, fällig werden
(*aux.:* **être**)
échouer 7 scheitern, misslingen
(*aux.:* **être/avoir**) (Prüfung) durchfallen
échu, -t *s.* **échouer**
éclaircir 14 aufhellen, erhellen
fig. aufklären, klarstellen
éclater 7 platzen, zerspringen, zum Ausbruch kommen
s'éclater 7 in (Lachen) ausbrechen
éclore 46 (Küken) ausschlüpfen
(*aux.:* **être/avoir**) (Blüte) aufgehen, erblühen
éconduire 33 ▼ abweisen
écorcer 12 ▼ schälen, abschälen, entrinden
s'écrier 7 ausrufen
écrire 37 ▲ schreiben, verfassen, schriftlich mitteilen, dichten
effacer 12 ▼ auswischen, auslöschen, ausradieren
s'efforcer 12 ▼ sich anstrengen
effrayer 13 ▲ erschrecken, aufscheuchen
(s')élancer 12 ▼ heftig stechen, heftige Schmerzen verursachen
élargir 14 vergrößern, erweitern
électrifier 7 elektrifizieren, mit Strom versorgen
élever 13 ▼ erheben, erhöhen
erbauen, errichten
erziehen, aufziehen
élire 38 ▼ wählen, ernennen
élu, -s, -t *s.* **élire**
embellir 14 verschönern, schöner werden
(*aux.:* **être/avoir**)
émerger 12 ▲ auftauchen, zum Vorschein kommen
émettre 39 ▲ ausstrahlen
émis, -t *s.* **émettre**
emménager 12 ▲ (Wohnung) einziehen
emmener 13 ▼ (Person/Tier) mitnehmen
émoudre 39 ▼ schleifen, schärfen
émoulu, -s, -t *s.* **émoudre**
émouvoir 25 ▲ aufregen, erregen, bewegen
(*part. passé* **ému**)
ému, -s, -t *s.* **émouvoir**
emplir 14 (an)füllen, vollschenken
employer 10 ▼ anwenden, gebrauchen
einstellen, beschäftigen
s'employer pour q. 10 ▼ sich für j-n verwenden
s'employer à qch. 10 ▼ sich für etwas einsetzen
empreindre 41 ▲ (Siegel) eindrücken, aufdrücken
fig. einprägen, eindrücken, hinterlassen
émulsifier 7 emulgieren
enceindre 41 ▲ einschließen, umschließen
enchérir 14 teurer werden, überbieten
enclore 46 umgeben, umzäunen
encourager 12 ▲ ermutigen, aufmuntern
encourir 16 ▼ sich zuziehen, auf sich laden, sich aussetzen
endormir 18 ▲ einschläfern, langweilen
s'endormir 18 ▲ einschlafen
enduire 33 ▼ bestreichen, einschmieren, überziehen
enfoncer 12 ▼ sinken, untergehen
s'enfoncer 12 ▼ sich versenken, sich vertiefen
enfreindre 41 ▲ (Gesetz/Vertrag) übertreten, verletzen, zuwiderhandeln
s'enfuir 18 ▼ flüchten

engager 12 ▲ verpflichten, binden
(Verantwortung) übernehmen
einstellen, engagieren

enjoindre 38 ▲ *lit.* auferlegen, befehlen

enlacer 12 ▼ verflechten, umschlingen

enlaidir 14 hässlich werden, verunstalten

enlever 13 ▼ mitnehmen, abtransportieren
stehlen, entführen

ennoblir 14 adeln, auszeichnen

ennuyer 10 ▼ langweilen, ärgern
auf die Nerven fallen

énoncer 12 ▼ aussprechen, ausdrücken, darlegen

s'enquérir 15 ▲ sich erkundigen

enquis, -t *s.* **s'enquérir**

enrichir 14 bereichern, wohlhabend machen, anreichern

ensevelir 14 begraben, bestatten
verschütten, verbergen

s'ensuivre 44 ▲ aus etwas hervorgehen

entendre 30 hören, verstehen, begreifen

s'entremettre 39 ▲ sich verwenden, vermitteln

entremis, -t *s.* **s'entremettre**

entreprendre 42 ▲ unternehmen, in Angriff nehmen

entrepris, -t *s.* **entreprendre**

entrer 7 eintreten, hereinkommen, hineinfahren
(*aux.:* **être/avoir**) einreisen, beitreten

entretenir 21 ▲ (aufrecht)erhalten, bewahren
unterstützen, ernähren

s'entretenir 21 ▲ sich unterhalten

entretins, -t *s.* **s'entretenir**

entrevoir 29 ▲ flüchtig sehen, ahnen

entrevis, -t *s.* **entrevoir**

entrouvrir 17 ▲ halb öffnen

énumérer 10 ▲ aufzählen

envahir 14 eindringen, überfallen
(Krankheit) befallen

envier 7 beneiden

envisager 12 ▲ betrachten, ins Auge fassen

envoyer 11 ▲ schicken, senden

épandre 30 (Dünger) (aus)streuen
(Blut) vergießen
(Schrei) ausstoßen

(s')épanouir 14 ausbreiten, entfalten
fig. aufheitern

épeler 9 ▼ buchstabieren

épousseter 11 ▼ abstauben, ausklopfen
vom Staub befreien

épreindre 41 ▲ auspressen, zusammendrücken

s'éprendre 42 ▲ sich verlieben

épris, -t *s.* **s'éprendre**

équivaloir 28 ▼ entsprechen, gleichkommen

équivalu, -s, -t *s.* **équivaloir**

ériger 12 ▲ errichten, aufrichten

espacer 12 ▼ Platz lassen, auseinanderrücken
zeitlich weit auseinander legen

espérer 10 ▲ (er)hoffen, erwarten, sich Hoffnung machen

essayer 13 ▲ versuchen, prüfen, probieren
(Nahrung) kosten

essuyer 10 ▼ abtrocknen, abwischen

estropier 7 verstümmeln

établir 14 einrichten, begründen

éteindre 41 ▲ löschen, abschalten, ausschalten

étendre 30 ausstrecken, ausbreiten, verteilen

étinceler 9 ▼ funkeln, glitzern, glänzen

étiqueter 11 ▼ etikettieren, mit einem Etikett versehen
fig. j-n einstufen, einordnen

étourdir 14 betäuben, benebeln, besinnungslos machen

être 6 sein, da sein, bestehen, sich befinden, liegen, stehen, hängen

étreindre 41 ▲ umklammern, in die Arme schließen

étudier 7 studieren, erforschen, genau beobachten
sich beschäftigen mit
européaniser 7 europäisieren
européiser 7 europäisieren
s'évanouir 14 ohnmächtig, bewusstlos werden
exagérer 10 ▲ übertreiben
exaspérer 10 ▲ aus der Fassung bringen, reizen
excéder 10 ▲ hinausgehen über, überschreiten
exclure 33 ▲ ausschließen
exercer 12 ▼ praktizieren, ausüben
(Hund) dressieren
exiger 12 ▲ fordern, erfordern, beanspruchen
expédier 7 versenden, verschicken
(Person) abschieben
expirer 7 ausatmen, sterben (*aux.:* **être/avoir**)
extraire 44 ▼ ziehen, herausziehen, fördern

F

faiblir 14 schwach werden, nachgeben
faillir 46 irren, (ver)fehlen
j'ai failli + *Inf.* ich hätte/wäre beinahe
faire 37 ▼ machen, tun, betreiben, (Zimmer) aufräumen
fis, -t *s.* **faire**
falloir 24 ▼ müssen, sollen
il faut 24 ▼ man muß
fatiguer 7 ermüden
se fatiguer 7 müde werden
se fatiguer de qch. 7 einer Sache überdrüssig werden
feindre 41 ▲ heucheln, vortäuschen
fendre 30 spalten
se fendre 30 bersten, (zer)brechen
férir, féru de begeistert von
feuilleter 11 ▼ durchblättern, überfliegen
fiancer 12 ▼ verloben
finir 14 enden, beenden, aufhören
austrinken, aufessen
finir de faire qch. 14 aufhören zu tun
finir par faire qch. 14 schließlich etwas tun
flamboyer 10 ▼ (auf)lodern, (auf)blitzen
funkeln, flattern
fléchir 14 nachgeben, biegen, beugen
flétrir 14 verwelken lassen
se flétrir 14 verwelken
foncer 12 ▼ dunkler werden
fondre 30 schmelzen
se fondre 30 sich vereinigen
forcer 12 ▼ zwingen, nötigen
forfaire 37 ▼ gegen seinen Willen tun
pflichtwidrig handeln
forger 12 ▲ schmieden
fam. aushecken
foudroyer 10 ▼ (durch Blitzschlag) töten, tödlich treffen
fournir 14 liefern, beliefern, versorgen
fraîchir 14 frischer, kühler werden
(Wetter) auffrischen
franchir 14 überqueren, überschreiten, zurücklegen
frigorifier 7 einfrieren
froncer 12 ▼ runzeln
fuir 18 ▼ fliehen, flüchten
meiden, ausweichen
fureter 8 ▼ herumschnüffeln, herumstöbern
fus, -t *s.* **être**

G

gager 12 ▲ als Sicherheit geben, verpfänden
gamberger 12 ▲ grübeln
garantir 14 bürgen, garantieren
garnir 14 schmücken, ausstatten, garnieren
geindre 41 ▲ stöhnen, jammern
geler 13 ▼ frieren, einfrieren, gefrieren, zufrieren
gémir 14 seufzen, stöhnen
gérer 10 ▲ führen, verwalten
gésir 46 (da)liegen, herumliegen
gis, gît *s.* **gésir**

glacer 12 ▼ erstarren, gefrieren lassen
grandir 14 wachsen, größer werden, vergrößern
grimacer 12 ▼ Grimassen schneiden
grincer 12 ▼ knarren, quietschen
grommeler 9 ▼ brummen, murmeln, grunzen
grossir 14 zunehmen, dicker werden
guérir 14 heilen, gesund werden
guerroyer 10 ▼ Krieg führen, eine Fehde austragen

H

haïr 19 ▲ hassen, verabscheuen
haleter 8 ▼ keuchen, schnaufen
harceler 8 ▼ bedrängen, beunruhigen
héberger 12 ▲ beherbergen, unterbringen
hennir 14 wiehern
honnir 14 *lit.* bloßstellen, verabscheuen
hypothéquer 10 ▲ mit einer Hypothek belasten

I

identifier 7 identifizieren
impartir 14 (Frist) bewilligen
imprégner 10 ▲ imprägnieren
incendier 7 anzünden, in Brand stecken
inclure 33 ▲ einschließen (*part. passé* **inclus**)
induire 33 ▼ folgern, schließen
inférer de qch. 10 ▲ aus etwas folgern
infléchir 14 einwärts biegen, beugen (Vorschrift) lockern
infliger 12 ▲ (Strafe) auferlegen (Niederlage) zufügen
influencer 12 ▼ beeinflussen
inquiéter 10 ▲ beunruhigen
inscrire 37 ▲ einschreiben
insérer 10 ▲ einfügen
instruire 33 ▼ unterrichten, unterweisen, instruieren
s'insurger 12 ▲ sich auflehnen
intégrer 10 ▲ eingliedern, integrieren
interdire 36 ▼ verbieten, untersagen (*ind. prés.* **vous interdisez**)
interférer 10 ▲ sich überlagern, interferieren
interpréter 10 ▲ auslegen, deuten, interpretieren
interroger 12 ▲ ausfragen, befragen, verhören
interrompre 30 (*ind. prés.* **il interrompt**)
intervenir 21 ▲ eingreifen, intervenieren (*aux.:* **être**)
intervins, -t *s.* **intervenir**
introduire 33 ▼ einführen
inventorier 7 inventarisieren
investir 14 investieren, in ein Amt einweisen
irradier 7 ausstrahlen, bestrahlen
irriguer 7 bewässern, durchbluten
(issir), issu hervorgegangen aus abstammend von

J

jaillir 14 hervorspringen, hervorquellen, hervorsprudeln
jaunir 14 gelb werden, gelb färben
jeter 11 ▼ werfen, wegwerfen, wegschütten, schleudern
joindre 38 ▲ verbinden, zusammenfügen
jouir de 14 genießen
juger 12 ▲ urteilen, beurteilen, aburteilen, richten
justifier 7 rechtfertigen

L

lacer 12 ▼ (Schuhe) zuschnüren
lancer 12 ▼ werfen, schleudern, stoßen
lécher 10 ▲ lecken, ablecken, auflecken
léguer 10 ▲ vererben, vermachen
lever 13 ▼ heben, hochheben beseitigen

se lever 13 ▼ aufstehen, sich erheben
libérer 10 ▲ befreien
lier 7 verbinden, (zusammen)binden
lire 38 ▼ lesen
lu, -s, -t *s.* **lire**
loger 12 ▲ wohnen, beherbergen, unterbringen
longer 12 ▲ entlanggehen, entlangfahren
lubrifier 7 schmieren, einölen
luire 33 ▼ leuchten, scheinen, glänzen
(*part. passé* **lui**)

M

maigrir 14 abmagern, abnehmen
maintenir 21 ▲ aufrechterhalten, instand halten
maintins, -t *s.* **maintenir**
manger 12 ▲ essen, fressen, verschlingen, verzehren
manier 7 handhaben
marier 7 (ver)heiraten
marteler 13 ▼ hämmern
maudire 14 verfluchen, verwünschen
(*part. passé* **maudit**)
méconnaître 40 ▼ verkennen, falsch beurteilen
méconnu, -s, -t *s.* **méconnaître**
médire 36 ▼ verleumden
(*ind. prés.* **vous médisez**)
se méfier 7 misstrauen
mélanger 12 ▲ vermischen
menacer 12 ▼ drohen, bedrohen
ménager 12 ▲ schonen, Rücksicht nehmen auf
mener 13 ▼ führen, bringen, geleiten
mentir 20 ▲ lügen
se méprendre 42 ▲ sich täuschen
mépris, -t *s.* **se méprendre**
mettre 39 ▲ setzen, stellen, legen, (Kleidungsstück) anziehen
mis, -t *s.* **mettre**
meurtrir 14 zerquetschen
modeler 13 ▼ formen, gestalten, bilden, modellieren
modérer 10 ▲ mäßigen
modifier 7 abwandeln, ändern, modifizieren
mollir 14 weich, schlaff, kraftlos werden
monter 7 steigen, emporsteigen, hinaufgehen
(*aux.:* **avoir** *bei Handlung*) montieren, ausstatten
(*aux.:* **être** *bei Zustand*)
morceler 9 ▼ zerstückeln, aufteilen
mordre 30 beißen
moudre 39 ▼ mahlen
moulu, -s, -t *s.* **moudre**
mourir 19 ▼ sterben
mort *s.* **mourir**
mouvoir 25 ▲ bewegen
mû, mus, -t *s.* **mouvoir**
multiplier 7 vermehren, vervielfachen, multiplizieren
munir 14 ausstatten, versehen mit
mûrir 14 reifen
museler 9 ▼ einen Maulkorb aufsetzen
fig. mundtot machen

N

nager 12 ▲ schwimmen
naître 40 ▲ geboren werden, entstehen
(*aux.:* **être**)
naquis, -t, né *s.* **naître**
naviguer 7 zur See fahren; (im Internet) surfen
négliger 12 ▲ vernachlässigen
négocier 7 aushandeln, verhandeln
neiger 12 ▲ schneien
nettoyer 10 ▼ putzen, reinigen, säubern
nier 7 verneinen, leugnen, in Abrede stellen
niveler 9 ▼ einebnen, nivellieren
noircir 14 schwärzen, schwarz färben
nourrir 14 nähren, ernähren, füttern
noyer 10 ▼ ertränken
se noyer 10 ▼ ertrinken

nuancer 12 ▼ abstufen, nuancieren, differenzieren
nuire 33 ▼ schaden
(*part. passé* **nui**)

O

obéir 14 gehorchen
obliger 12 ▲ verpflichten
oblitérer 10 ▲ entwerten, abstempeln
obscurcir 14 verdunkeln
fig. unverständlich machen
obséder 10 ▲ befallen, heimsuchen
obtenir 21 ▲ erhalten, erwirken, erzielen
obtins, -t *s.* **obtenir**
occlure 33 ▲ verschließen
(*part. passé* **occlus**)
octroyer 10 ▼ bewilligen, zugestehen
offrir 17 ▲ anbieten, überreichen, schenken
oindre 38 ▲ salben
ombrager 12 ▲ Schatten spenden, beschatten, verhüllen
omettre 39 ▲ auslassen
omis, -t *s.* **omettre**
ondoyer 10 ▼ wogen, wallen, flattern
(Straße) sich schlängeln
opérer 10 ▲ bewirken, bewerkstelligen, herbeiführen
(Medizin) operieren
oublier 7 vergessen
ouïr 46 *lit.* hören
outrager 12 ▲ beleidigen
ouvrir 17 ▲ öffnen, eröffnen
oxygéner 10 ▲ mit Sauerstoff anreichern

P

pagayer 13 ▲ paddeln
paître 46 weiden, weiden lassen
pâlir 14 blass werden, bleich werden
parachever 13 ▼ vollenden
paraître 40 ▼ erscheinen, sich zeigen, auftreten
(*aux.:* **être/avoir**) sichtbar werden
parcourir 16 ▼ durchlaufen, durchstreifen
(Weg) zurücklegen
parfaire 37 ▼ vollenden
parier 7 wetten
parsemer 13 ▼ bestreuen, besäen
partager 12 ▲ aufteilen, verteilen
partir 20 ▲ weggehen, abfahren, abreisen
(*aux.:* **être**)
payer 13 ▲ zahlen, bezahlen,
se payer 13 ▲ sich leisten
pécher 10 ▲ sündigen
peindre 41 ▲ malen, anstreichen
peler 13 ▼ schälen, abschälen
pendre 30 hängen, aufhängen
pénétrer 10 ▲ eindringen, durchdringen
percer 12 ▼ durchbohren, durchbrechen, durchdringen
percevoir 22 wahrnehmen
perçu, -s, -t *s.* **percevoir**
perdre 30 verlieren, verpassen, versäumen
se perdre 30 sich verirren, sich verlaufen
périr 14 umkommen, zugrunde gehen
permettre 39 ▲ erlauben, gestatten
permis, -t *s.* **permettre**
perpétrer 10 ▲ (Delikt) begehen, verüben
persévérer 10 ▲ ausdauern, beharren, aushalten
pervertir 14 entarten, pervertieren
peser 13 ▼ wiegen, *fig.* abwägen
péter 10 ▲ furzen
pétrir 14 kneten, massieren, formen, gestalten
photocopier 7 fotokopieren
photographier 7 fotografieren
piéger 8 ▲ eine Falle stellen, mit einer Falle fangen
piger 12 ▲ kapieren
pincer 12 ▼ kneifen, zusammenpressen, zusammenzwicken
placer 12 ▼ (hin)stellen, -setzen, -legen, platzieren
(Geld) anlegen

plagier 7 Plagiat betreiben, abschreiben, nachahmen
plaire 41 ▼ gefallen
plu, -s, -t *s.* **plaire**
plaindre 35 ▲ beklagen
se plaindre 35 ▲ sich beschweren
pleuvoir 25 ▼ regnen
plu, -t *s.* **pleuvoir**
plier 7 falten, knicken, biegen
plonger 12 ▲ tauchen, eintauchen
poindre 38 ▲ *lit.* sprießen
pondre 30 (Eier) legen
posséder 10 ▲ besitzen
pourfendre 30 mit einem Hieb spalten, kurz und klein schlagen
pourrir 14 verrotten, in Fäulnis übergehen
(*aux.:* **être/avoir**)
se pourrir 14 verfaulen
poursuivre 44 ▲ verfolgen
pourvoir 26 ▲ sorgen, Sorge tragen
pourvu, -s, -t *s.* **pourvoir**
pousser 7 wachsen, sprießen stoßen, stupsen
pouvoir 26 ▼ können, dürfen
pu *s.* **pouvoir**
précéder 10 ▲ vorangehen, voranfahren
prédire 36 ▼ vorhersagen, voraussagen, prophezeien
(*ind. prés.* **vous prédisez**)
préfacer 12 ▼ mit einem Vorwort versehen
préférer 10 ▲ bevorzugen, lieber tun
préjuger 12 ▲ eine Vorentscheidung treffen, präjudizieren
prélever 13 ▼ entnehmen
prémunir 14 warnen, schützen
prendre 42 ▲ nehmen
pris, -t *s.* **prendre**
présager 12 ▲ ankündigen, bedeuten
prescrire 37 ▲ verschreiben
pressentir 20 ▲ ahnen
prétendre 30 behaupten, vorgeben
prévaloir 28 ▼ siegen, die Oberhand gewinnen
(*sub. prés.* **je prévale, tu prévales, il prévale**)
prévalu, -s, -t *s.* **prévaloir**
prévenir 21 ▲ benachrichtigen
prévenir q. de qch. 21 ▲ j-n vor etwas warnen
prévins, -t *s.* **prévenir**
prévoir 27 ▲ vorhersehen
prévis, -t, prévu *s.* **prévoir**
prier 7 beten, bitten, anflehen
procéder 10 ▲ verfahren, durchführen
produire 33 ▼ erzeugen, hervorbringen, produzieren,
proférer 10 ▲ hervorbringen, ausstoßen, aussprechen
projeter 11 ▼ werfen, schleudern planen, entwerfen
proliférer 10 ▲ wuchern
prolonger 12 ▲ verlängern
promener 13 ▼ spazieren führen
se promener 13 ▼ spazieren gehen
promettre 39 ▲ versprechen, zusagen
promis, -t *s.* **promettre**
promouvoir 25 ▲ fördern, befördern, ernennen
(*part. passé* **promu**)
promu, -s, -t *s.* **promouvoir**
prononcer 12 ▼ aussprechen
propager 12 ▲ verbreiten, propagieren
proroger 12 ▲ (Vertrag) verlängern
proscrire 37 ▲ verbieten, verbannen
prospérer 10 ▲ blühen, gedeihen, florieren
protéger 8 ▲ schützen, beschützen, begünstigen
provenir de 21 ▲ entstammen, herrühren von
(*aux.:* **être**)
provins, -t *s.* **provenir**
publier 7 veröffentlichen
purger 12 ▲ reinigen, säubern

putréfier 7 in Fäulnis übergehen
se putréfier 7 verwesen, verfaulen

Q

quérir 15 ▲ *lit.* suchen

R

rabattre 32 ▲ herunterklappen, umlegen
raccourcir 14 kürzer werden, kürzer machen
racheter 8 ▼ zurückkaufen, ablösen, Ablöse zahlen
radiographier 7 röntgen
rafraîchir 14 kühlen, abkühlen, sich erfrischen
raidir 14 steif machen, anspannen
rajeunir 14 verjüngen, jünger werden
(*aux.*: **être/avoir**)
ralentir 14 langsamer werden, verlangsamen
rallonger 12 ▲ länger werden, länger machen
ramener 13 ▼ wiederbringen
ranger 12 ▲ aufräumen, in Ordnung bringen
rapatrier 7 in die Heimat zurückbringen, abschieben
rappeler 9 ▼ zurückrufen, erinnern
rapprendre 42 ▲ von neuem, nochmals lernen
rappris, -t *s.* **rapprendre**
se rasseoir 23 ▲ sich wieder setzen
ravager 12 ▲ verwüsten, verunstalten
ravir 14 begeistern
rayer 13 ▲ linieren, (zer)kratzen
réadmettre 39 ▲ wieder zulassen
réadmis, -t *s.* **réadmettre**
réagir 14 reagieren
réapparaître 40 ▼ wieder erscheinen, wieder auftauchen
réapparu, -s, -t *s.* **réapparaître**
réapprendre 42 ▲ nochmals lernen, wieder lernen
réappris, -t *s.* **réapprendre**
rebâtir 14 wieder aufbauen
rebattre 32 ▲ wieder schlagen
(Matratze) wieder aufklopfen
(Karten) wieder mischen
rebondir 14 zurückprallen
receler 13 ▼ sich verbergen, sich verheimlichen
recevoir 22 erhalten, bekommen, empfangen
aufgenommen werden
(Examen) bestanden haben
reçu, -s, -t *s.* **recevoir**
recharger 12 ▲ wieder aufladen, wieder beladen
recommencer 12 ▼ erneut anfangen, wieder beginnen
recomparaître 40 ▼ wieder erscheinen
recomparu, -s, -t *s.* **recomparaître**
reconduire 33 ▼ zurückbegleiten
reconnaître 40 ▲ (wieder) erkennen, anerkennen
reconnu, -s, -t *s.* **reconnaître**
reconquérir 15 ▲ wieder erobern
reconquis, -t *s.* **reconquérir**
reconstruire 33 ▼ wieder aufbauen, wieder errichten
reconvertir 14 umschulen, für andere Zwecke verwenden
recopier 7 nochmals abschreiben, nochmals kopieren
recoudre 34 ▼ wieder zusammennähen
recousis, -t, recousu *s.* **recoudre**
recourir 16 ▼ zurücklaufen
recourir à 16 ▼ sich (um Hilfe) wenden an
recouvrir 17 ▲ wieder bedecken, verdecken, verschleiern
récrire 37 ▲ noch einmal neu schreiben, brieflich antworten
(Geschriebenes) umarbeiten
recroître 31 ▼ wieder wachsen, nachwachsen
(*part. passé* **recrû**)
recueillir 17 ▼ ernten, (ein)sammeln
recuire 33 ▼ nochmals kochen, nochmals braten

récupérer 10 ▲ wiedererlangen, wiederbekommen

redéfaire 37 ▼ (Nähen) wieder auftrennen

redéfis, -t *s.* **redéfaire**

redescendre 30 wieder hinuntergehen, -fahren (*aux.:* **être/avoir**)

redevenir 21 ▲ wieder werden (*aux.:* **être**)

redevins, -t *s.* **redevenir**

redevoir 24 ▲ noch schulden

redû, redus, -t *s.* **redevoir**

rédiger 12 ▲ abfassen, redigieren

redire 36 ▼ nochmals sagen

redormir 18 ▲ wieder schlafen

réduire 33 ▼ drosseln, verringern, reduzieren

réélire 38 ▼ wieder wählen

réélu, -s, -t *s.* **réélire**

refaire 37 ▼ nochmals tun, wieder machen

refis, -t *s.* **refaire** von vorne anfangen

refendre 30 nochmals spalten, zersägen

référer 10 ▲ beziehen auf, zuschreiben

réfléchir 14 nachdenken, überlegen, erwägen

refléter 10 ▲ zurückstrahlen

se refléter 10 ▲ sich widerspiegeln

refondre 30 wieder schmelzen, einschmelzen

réfrigérer 10 ▲ kühlen

refroidir 14 kühler werden, abkühlen lassen

se réfugier 7 sich zurückziehen, flüchten, Zuflucht suchen

régénérer 10 ▲ regenerieren, wieder beleben

régir 14 regieren, verwalten, regeln

régler 10 ▲ regeln, einstellen, regulieren

régner 10 ▲ herrschen, regieren

réintégrer 10 ▲ wieder eingliedern

réitérer 10 ▲ wiederholen

rejaillir 14 aufspritzen, hochspritzen

rejeter 11 ▼ zurückwerfen, wieder von sich geben ablehnen, abstoßen

rejoindre 38 ▲ wieder zusammenfügen, vereinigen sich anschließen

réjouir 14 erfreuen, erheitern

se réjouir 14 sich freuen

relancer 12 ▼ zurückwerfen

reléguer 10 ▲ abschieben, verbannen, strafversetzen

relever 13 ▼ wieder aufheben

relier 7 wieder zusammenbinden (Buch) einbinden

relire 38 ▼ wieder lesen, nochmals durchlesen

relu, -s, -t *s.* **relire**

reluire 33 ▼ glänzen, schimmern (*part. passé* **relui**)

remanier 7 neu bearbeiten, umarbeiten

remarier 7 wieder heiraten

remédier 7 heilen, abhelfen, beheben

remercier 7 danken, bedanken

remettre 39 ▲ wieder hinstellen, hinsetzen, hinlegen, wieder anziehen

remis, -t *s.* **remettre**

remonter 7 wieder hinaufgehen, -fahren (*aux.:* **être/avoir**) (Uhr) aufziehen

remordre 30 wieder, nochmals beißen

remoudre 39 ▼ nochmals mahlen

remoulu, -s, -t *s.* **remoudre**

remplacer 12 ▼ ersetzen, austauschen

remplir 14 füllen, ausfüllen

remployer 10 ▼ wieder einstellen, beschäftigen

rémunérer 10 ▲ vergüten, entlohnen

renaître 40 ▲ wieder geboren werden, wieder aufblühen

renaquis, -t, rené *s.* **renaître**

rendormir 18 ▲ wieder einschlafen
rendre 30 zurückgeben
se rendre 30 sich begeben
renforcer 12 ▼ verstärken, bestärken
renoncer 12 ▼ verzichten
renouveler 9 ▼ erneuern
rentraire 44 ▼ (Maschine) abstellen
rentrer 7 zurückkommen, zurückkehren
(*aux.:* **être/avoir**) nach Hause kommen
renvoyer 11 ▲ wegschicken, zurückschicken, entlassen
(se) repaître 42 ▼ füttern, weiden
repu, -s, -t *s.* **repaître**
répandre 30 verbreiten, verschütten, verteilen
reparaître 40 ▼ wieder erscheinen, auftreten
reparu, -s, -t *s.* **reparaître**
repartir 20 ▲ *lit.* erwidern
wieder abreisen
(*aux.:* **avoir/être**)
répartir 14 aufteilen, verteilen, zuteilen
repasser 7 wieder vorbeikommen, Revue passieren
(*aux.:* **avoir/être**) bügeln
repeindre 41 ▲ neu streichen
rependre 30 wieder aufhängen
se repentir 20 ▲ bereuen
reperdre 30 von neuem verlieren
repérer 10 ▲ kennzeichnen, markieren
ausfindig machen, orten
répéter 10 ▲ wiederholen
replacer 12 ▼ zurückstellen, hinlegen, hinsetzen
repleuvoir 25 ▼ erneut regnen
replu, -t *s.* **repleuvoir**
répondre 30 antworten
reprendre 42 ▲ wieder aufnehmen
repris, -t *s.* **reprendre**
reproduire 33 ▼ wieder erzeugen, vervielfältigen
requérir 15 ▲ bitten, ersuchen, anfordern
requis, -t *s.* **requérir**
résoudre 43 ▲ entscheiden, entschließen, beschließen
résolu, -s, -t *s.* **résoudre**
resplendir 14 glänzen, funkeln
ressaisir 14 wieder ergreifen
wieder in seinen Besitz bringen
ressentir 20 ▲ spüren, merken
resservir 20 ▼ nochmals benutzen, nochmals servieren
ressortir 20 ▲ wieder hervorkommen, -treten, -fahren
(*aux.:* **avoir/être**)
se ressouvenir 21 ▲ sich wieder erinnern
ressouvins, -t *s.* **se ressouvenir**
ressusciter 7 (wieder)auferstehen, wieder genesen
(*aux.:* **avoir/être**)
rester 7 bleiben, übrig bleiben
(*aux.:* **être**)
restreindre 41 ▲ beschränken, einschränken
rétablir 14 wiederherstellen, heilen
reteindre 41 ▲ nachfärben, umfärben
retendre 30 nachspannen
retenir 21 ▲ zurückhalten, wecken, merken
retins, -t *s.* **retenir**
retentir 14 ertönen, widerhallen
retomber 7 zurückfallen, wieder fallen, hinunterfallen
(*aux.:* **être**)
retordre 30 wieder drehen, zwirnen
retourner 7 zurückkehren, -fahren, -reisen
(*aux.:* **être/avoir**)
retracer 12 ▼ nachzeichnen, neu zeichnen, neu entwerfen
retraduire 33 ▼ rückübersetzen, nochmals übersetzen
retraire 44 ▼ das Vorverkaufsrecht besitzen
retranscrire 37 ▲ wieder abschreiben, neu übertragen

retransmettre 39 ▲ (Sendung) wieder übertragen
retransmis, -t *s.* **retransmettre**
rétrécir 14 (Stoff) einlaufen, eingehen
rétrocéder 10 ▲ weiterverkaufen, rückübertragen
réunifier 7 wieder vereinigen
réunir 14 miteinander verbinden, zusammenfügen
versammeln
se réunir 14 sich versammeln, tagen
réussir 14 Erfolg haben, gelingen
revaloir 28 ▼ vergelten
revalu, -s, -t *s.* **revaloir**
révéler 10 ▲ enthüllen, aufdecken, verraten
revendre 30 wieder verkaufen
revenir 21 ▲ zurückkommen, wiederkommen
(*aux.:* **être**)
revins, -t *s.* **revenir**
révérer 10 ▲ verehren
revêtir 21 ▼ wieder ankleiden, anziehen
revivifier 7 wieder beleben, zu neuem Leben erwecken
revivre 45 ▼ fortleben, wieder erleben
revécu, -s, -t *s.* **revivre**
revoir 29 ▲ wieder sehen, wieder treffen
revis, -t *s.* **revoir**
revu *s.* **revoir**
revouloir 29 ▼ *fam.* wieder wollen
rire 43 ▼ lachen
romancer 12 ▼ in Romanform bringen
zu einem Roman gestalten
rompre 30 brechen, Schluss machen
(*ind. prés.* **il rompt**)
ronger 12 ▲ nagen, zerfressen
fig. quälen, peinigen
rôtir 14 braten, schmoren, grillen
rougir 14 erröten, rot werden, rot färben
rouvrir 17 ▲ offen sein, wieder öffnen
rugir 14 brüllen, toben
ruisseler 9 ▼ rieseln

S

saccager 12 ▲ plündern, verwüsten
saillir 14 hervorsprudeln
saillir 46 hervorragen
saisir 14 ergreifen, fassen
salir 14 beschmutzen, verschmutzen
satisfaire 37 ▼ zufrieden stellen, befriedigen
satisfis, -t *s.* **satisfaire**
savoir 27 ▼ wissen, können, erfahren
su, -s, -t *s.* **savoir**
sécher 10 ▲ trocknen, trocken werden
secourir 16 ▼ Hilfe leisten
sécréter 10 ▲ absondern
séduire 33 ▼ verführen
semer 13 ▼ säen
sentir 20 ▲ fühlen, empfinden, spüren
riechen, schmecken
seoir 46 seinen Sitz haben
sis *s.* **seoir**
seoir 46 gut kleiden
servir 20 ▼ dienen, nützlich sein
servieren
sevrer 13 ▼ abstillen
fig. berauben, entziehen
siéger 8 ▲ tagen, seinen Sitz haben
signifier 7 bedeuten, heißen
simplifier 7 vereinfachen
skier 7 Ski laufen
songer 12 ▲ denken, überlegen, nachsinnen, Acht geben
sonner 7 klingeln, läuten
ertönen, erschallen
sortir 20 ▲ hinausgehen, herausnehmen
(*aux.:* **être/avoir**) ausführen, spazieren führen
se soucier 7 sich um j-n kümmern, sorgen
sich Sorgen machen
souffleter 11 ▼ ohrfeigen

souffrir 17 ▲ leiden, erleiden, ertragen
soulager 12 ▲ erleichtern
soulever 13 ▼ hochheben, anheben
soumettre 39 ▲ unterwerfen
soumis, -t *s.* **soumettre**
soupeser 13 ▼ mit der Hand abwiegen, abwägen
sourdre, il sourd, ils sourdent vorquellen, sich zeigen
sourire 43 ▼ lächeln, zulächeln
souscrire 37 ▲ unterschreiben, unterzeichnen
sous-entendre 30 als selbstverständlich voraussetzen
soustraire 44 ▼ abziehen, subtrahieren
entwenden, unterschlagen
soutenir 21 ▲ unterhalten, unterstützen
soutins, -t *s.* **soutenir**
se souvenir 21 ▲ sich erinnern
souvins, -t *s.* **se souvenir**
stationner 7 parken, abstellen
subir 14 ertragen, erleiden
submerger 12 ▲ überschwemmen, überfluten
subvenir 21 ▲ aufkommen für
subvins, -t *s.* **subvenir**
succéder 10 ▲ aufeinander folgen, nachfolgen
sucer 12 ▼ saugen, lutschen
suffire 34 ▲ genügen (*part. passé* **suffi**)
suggérer 10 ▲ hervorrufen, nahe legen, suggerieren
suivre 44 ▲ folgen, nachfolgen
supplier 7 inständig bitten, anflehen
surcharger 12 ▲ überladen
surélever 13 ▼ erhöhen, überhöhen
surenchérir 14 mehr bieten, überbieten
surfaire 37 ▼ überteuern, zuviel berechnen, überschätzen, zu hoch einschätzen
surfer 7 surfen; (im Internet) surfen (sur internet)
surfis, -t *s.* **surfaire**
surgeler 13 ▼ tiefkühlen
surgir 14 plötzlich auftauchen
surmener 13 ▼ überbeanspruchen
surnager 12 ▲ an der Oberfläche schwimmen
surprendre 42 ▲ überraschen
surpris, -t *s.* **surprendre**
surseoir 28 ▲ aufschieben, aussetzen
sursis, -t *s.* **surseoir**
survécu, -s, -t *s.* **survivre**
survenir 21 ▲ unerwartet eintreten, sich ereignen
survins, -t *s.* **survenir**
survivre 45 ▼ überleben
suspendre 30 aufhängen, vorläufig außer Kraft setzen, suspendieren

T

taire 41 ▼ verschweigen, zum Schweigen bringen
se taire 41 ▼ schweigen, verstummen
tu, -s, -t *s.* **se taire**
tarir 14 austrocknen, versiegen
teindre 41 ▲ färben, einfärben
télégraphier 7 telegrafieren
tempérer 10 ▲ mäßigen, mildern
tendre 30 spannen, strecken
tenir 21 ▲ halten, aushalten
tins, -t *s.* **tenir**
tenir à qch. 21 ▲ auf etwas Wert legen
tiédir 14 lauwarm werden, machen
tolérer 10 ▲ dulden, ertragen, zulassen
tomber 7 fallen, stürzen (*aux.:* **être**)
tondre 30 scheren, kurz schneiden
tordre 30 verdrehen, verzerren
sich krümmen, sich winden
tourner 7 (sich) drehen
abbiegen
(Milch) sauer werden
tournoyer 10 ▼ sich im Kreise drehen

tracer 12 ▼ (auf)zeichnen, skizzieren, spuren, bahnen
traduire 33 ▼ übersetzen, übertragen, wiedergeben
trahir 14 verraten
traire 44 ▼ melken
transcrire 37 ▲ übertragen, abschreiben, transkribieren
transférer 10 ▲ übertragen
transiger 12 ▲ einen Vergleich schließen
einen Kompromiss bilden
transmettre 39 ▲ weitergeben, weiterleiten
transmis, -t *s.* **transmettre**
transparaître 40 ▼ durchscheinen
transparu, -s, -t *s.* **transparaître**
transpercer 12 ▼ durchbohren, durchstechen
travestir 14 verkleiden
trépasser 7 *lit.* verscheiden, entschlafen
(*aux.:* **être/avoir**)
tressaillir 15 ▼ zusammenfahren, zusammenzucken, (er)zittern, (er)schaudern
trier 7 sortieren, sichten
tutoyer 10 ▼ duzen, mit Du ansprechen

U

unifier 7 vereinen, vereinheitlichen
unir 14 vereinen, vereinigen, verbinden

V

vagir 14 quäken, schreien
vaincre 45 ▲ siegen, besiegen, überwinden
valoir 28 ▼ wert sein, taugen, lohnen
valu, -s, -t *s.* **valoir**
varier 7 sich ändern, wechseln, variieren
végéter 10 ▲ erbärmlich dahinleben, vegetieren
vendanger 12 ▲ Weinlese halten, Weinberg abernten
vendre 30 verkaufen
vénérer 10 ▲ verehren
venger 12 ▲ rächen, vergelten
venir 21 ▲ kommen
(*aux.:* **être**)
vins, -t *s.* **venir**
verdir 14 grünen, ergrünen
grün werden, grün färben
vérifier 7 überprüfen, kontrollieren, verifizieren
vernir 14 lackieren
vêtir 21 ▼ kleiden, bekleiden
vidanger 12 ▲ Öl wechseln
vieillir 14 altern, alt werden, älter machen
vinifier 7 zu Wein verarbeiten
visser 7 anschrauben, verschrauben
die Schraube anziehen
vivre 45 ▼ leben, erleben, wohnen
vécu *s.* **vivre**
voir 29 ▲ sehen, feststellen, verstehen
vis, -t *s.* **voir**
voleter 11 ▼ (herum)flattern
voltiger 12 ▲ hin und her fliegen, flattern
vomir 14 (er)brechen, von sich geben, (aus)speien
vouloir 29 ▼ wollen, beabsichtigen, mögen, wünschen
vouvoyer 10 ▼ siezen, mit Sie ansprechen
voyager 12 ▲ reisen
vrombir 14 dröhnen, summen

Z

zézayer 13 ▲ lispeln